与最聪明的人共同进化

CHEERS

HERE COMES EVERYBODY

CHEERS
湛庐

The Secret
to
Getting Along

与生命中重要的人好好相处

GABRIELLE HARTLEY
[美] 加布丽埃勒·哈特利 著 | 曹雪敏 译

浙江教育出版社·杭州

测一测　如何与生命中重要的人好好相处？

扫码加入书架
领取阅读激励

- 想要解决人际关系冲突，最重要一步是：（单选题）
  A. 自我检讨
  B. 指出对方的错误
  C. 暂时搁置冲突
  D. 认清自己在冲突中扮演的角色

扫码获取全部测试题及答案，
一起了相处的秘密

- 如果你的伴侣总是迟到，为了不影响你们之间的关系，更有效的做法是：（单选题）
  A. 坚持自己的习惯，不妥协
  B. 在所有情况下都要求对方准时
  C. 根据不同场合的重要性达成妥协
  D. 完全避免和对方一起参加活动

- 为了改善沟通，以下哪种做法是值得尝试的？（单选题）
  A. 坚持自己的本能反应
  B. 尝试与自己的本能反应完全不同的解决方案
  C. 避免任何可能导致冲突的讨论
  D. 只关注自己的需求和愿望

扫描左侧二维码查看本书更多测试题

赞誉

　　这本书让我想起一个真实的故事，曾有位女士向我咨询伴侣关系中的冷战问题。她和她先生的感情非常好，但是有一天因为一个无关紧要的话题吵翻了天，原因是该女士认为学历不能决定能力，而她的先生认为学历是人生的敲门砖。于是，这个冲突引发了更大的矛盾，甚至两个人开始冷战。我经过一番了解发现，原来这个冲突背后隐藏的是这位女士自己的情感故事，她一直因为自己没能上大学而耿耿于怀。当她把这种内在的情感跟伴侣倾诉后，他们就可以搁置这个冲突了。《与生命中重要的人好好相处》这本书中的 YES 方法的三个步骤正是解决上述亲密关系问题的基本原则，真的很值得阅读！

——冷爱
广东省心理咨询师协会副会长
数字健康产业连续创业者兼投资人

与生命中重要的人好好相处　THE SECRET TO GETTING ALONG

作为人际旅途中的常客，冲突，尤其在家庭的温馨港湾与亲子关系的细腻情感纽带间频繁显现，时常令人感到力不从心，甚至挫败不已。本书作者——律师出身的哈特利，令人瞩目的并非仅是她在法庭上的辩护才华，还有她那卓越的调解能力。她将这份智慧精髓凝聚于书中，独创了高效实用的 YES 方法。无论面对的是剑拔弩张的争执，还是难以言说的沉默隔阂，YES 方法都能成为你化解矛盾、重建和谐关系的得力助手。本书不仅能帮我们提升处理冲突的技巧，更深远的意义在于加深与生命中至亲之人的情感纽带，使相处之道与冲突解决不再是令人畏惧的挑战，而是一种充满理解与爱的美好体验。

——**粲然**
作家，三五锄教育创始人

我希望每个人都能读一读这本书。我经常看到人们因为无法解决冲突而放弃一段关系。《与生命中重要的人好好相处》这本书提供了一种循序渐进的方法缓和并解决冲突，这样你就可以与他人真正建立更紧密的联系。我们的目标不是赢，而是希望被关注和被倾听。本书能够帮助你达成所愿。

——**伊丽莎白·科恩**
美国临床心理学家

赞誉

在《与生命中重要的人好好相处》中，哈特利为读者提供了一个实用且颇有见地的 YES 方法，让读者可以更有效、更有意识地处理日常生活中的冲突。YES 方法将帮助人们从内到外重建人际关系与生活。通过有效的练习、真实生活中的案例和令人感动的个人启示，哈特利打造了一部文笔优美、通俗易懂的作品。本书中包含了适用于各种情况的实用工具和关键要点，推荐给每个人！

——**莎伦·萨林**
美国临床心理学家

这本书有非常多的亮点，其中最引人注目的是哈特利对自我意识的关注，这让我们变得更有能力认识到我们的行为对他人的影响。显然，意识不到自己也是冲突的一部分，是人际关系出现问题的主要原因。通过自我反思，我们不仅能提高解决冲突的能力，也能走上自我成长与发展的道路。

——**唐娜·希克斯**
美国心理学家

避免冲突并更好地与他人相处比你想象的要容易。在本书中，加布丽埃勒·哈特利将向你展示如何做到这一点。

——**莉萨·塞德曼**
美国 Miller Zeiderman LLP 律师事务所管理合伙人

与生命中重要的人好好相处　THE SECRET TO GETTING ALONG

　　哈特利解决冲突的方法简单有效,并有可能改变我们的生活。在这个让我们越来越感到格格不入的世界中,《与生命中重要的人好好相处》是必读之作。

——**苏珊·格思里**
美国顶级家庭法律师和调解员

　　《与生命中重要的人好好相处》是一本充满智慧且引人入胜的书,处于任何关系中的人都应该读一读。所有的关系都会有冲突,但争吵和争执不一定会将双方分开。哈特利分享了如何以健康的方式管理和解决冲突的实用技巧,以便加强而不是破坏关系。

——**艾米丽·埃斯法哈尼·史密斯**
美国畅销书作家,记者,TED 演讲人

　　《与生命中重要的人好好相处》是一份颇具智慧、全面且对用户友好的指南,指导我们应该如何处理冲突,从而享受与他人、与自己的健康关系。哈特利为我们提供了经过时间检验的具体工具和见解。这些工具和见解来自她作为一名专业调解律师的丰富经验。本书能够帮助我们在面对冲突时保持理智,留住那些与我们意见相左但很重要的人。这本书让我爱不释手,强烈推荐。

——**吉尔·谢勒·默里**
美国畅销书作家,记者

赞誉

一本非常有思想、实用且积极的书！在这本书中，你可以学习并掌握许多技巧和工具，且将其应用于改善任何关系，使关系更为长久。从自我意识开始，作者让我们更清楚地认识到自己在人际关系冲突中扮演的角色。我们通常也是问题的一部分，改变自己比试图改变他人要容易得多。哈特利在书中介绍的 YES 方法操作方便且非常有效。此外，本书还提供了非常清晰的步骤和许多可以自我完善的方法。

——比尔·艾迪
澳大利亚纽卡斯尔大学教授
职业律师，调解人

哈特利的新书是一份充满智慧、富有启发性、引人入胜的指南，适合任何准备开始用整体方法解决人际关系冲突的人。在发生冲突时，人们习惯于指责对方，而不会站在对方的立场想问题。哈特利对话式的写作风格使阅读这本书更像是与一位好朋友聊天。本书启发了我，使我懂得如何减少冲突，使人际关系更和谐、更有意义。无论你是想改善婚姻关系，还是想与前任、朋友或家人更和平地解决问题，本书提供的宝贵建议都值得你去学习。

——劳拉·弗里德曼·威廉姆斯
美国畅销书作家

与生命中重要的人好好相处　THE SECRET TO GETTING ALONG

　　这本书将让你对如何解决冲突以及如何更好地与他人相处产生全新的认识。

——娜塔莎·西兹洛
美国作家，杂志撰稿人

献给正在阅读的你。
希望它能帮助你与你生命中重要的人
好好相处。

**THE SECRET TO
GETTING ALONG**

译者序

一个人也能解决冲突

曹雪敏
复旦大学社会心理学博士
国家二级心理咨询师

你知道吗，大部分冲突其实并没有爆发。以亲密关系中的冲突为例，有研究发现，40% 以上的冲突被"忍"在了心里——但是，真的能忍住吗？忍在心里，问题就会消失吗？答案是"并不会"。

那些爆发出来的冲突，在缺乏正确的冲突理念和处理技能的情况下，会进一步造成新的伤害。这便形成了一个消极循环：冲突总是带来伤害，于是人们回避冲突，然而由于忍耐力有限，在持续的接触下导致冲突最终爆发，或者将气撒在了其他人身上。

尤其是当矛盾在心里已经积累太久时，它一旦爆发，事态的发展犹如爆炸和地震般难以控制，带来的伤害性后果会变得更加严重。这时，即使你想解决冲突背后的问题，也会发现由于问题太严重、涉及的人和事太多而无从下手。

这种情况不只出现在亲密关系中，也出现在其他生活场景中，尤其是职场中。而且，冲突对人的伤害其实比我们以为的还要严重和隐秘。研究发现，暴躁和愤怒会损害人的免疫功能，让人更容易生病，甚至会使伤口的愈合速度变慢。所以，为了更好地互动与合作，也为了自己和我们在乎的人的身心健康，我们需要更好的冲突理念和处理技能。

升级你的冲突理念和处理技能

《与生命中重要的人好好相处》一书为我们提供了更好的冲突理念和处理技能。本书作者提出的 YES 方法人人都可以用，我们甚至可以在不需要冲突的另一方参与和改变的情况下，通过 YES 方法化解冲突。**YES 方法包括 3 个关键步骤：认清你在冲突中的角色、探究冲突背后的情感故事、暂时搁置激烈的对话。**乍一看，你可能会有点迷茫，或者可能会冒出"也就是老生常谈的方法啊"这样的念头。先不要急着下结论，

译者序　一个人也能解决冲突

本书作者作为一名法律从业者以及一名专职、专业的冲突调解员，她的方法值得深入学习，也经得起推敲。

此外，本书作者在书中分享了大量案例和故事，涵盖生活和职场场景，也包括作者和伴侣、家人的亲身经历，让你可以在不同的故事中看见自己，看见你心中的冲突，让你可以在故事中提前预演 YES 方法。这会令你最终在生活和职场中游刃有余地应对冲突。

冲突其实分为两种，一种是已经爆发的冲突，另一种是正在你内心上演的冲突，后者尤其值得关注。如果你常常觉得自己是人际关系和生活的"受害者"，常常陷在精神内耗中，那这本书会为你提供一个全新的视角和方法——既不需要你"大度"地忍气吞声，也不需要你大刀阔斧地断舍离，更不需要你亲身实践网络上日益流行的"发疯文学"中的行为。

你会在学习的过程中更清晰地认识自己，重新认识当下正在发生什么，然后收获创造性的现实解决方案。在这个过程中，你既能不再错过生活和职场中原本属于你的机会，又可以更好地爱自己。

与生命中重要的人好好相处　THE SECRET TO GETTING ALONG

微小的改变带来极大的关系改善

作为本书的译者，我有幸先于读者读完了本书。在阅读和翻译的过程中，作为一名心理学学者和心理咨询师，我一直在通过回顾咨询案例与自身的生活来观察、思考 YES 方法是否可行，也一直在通过具体的实践来检验这个方法是否符合中国国情。最终我发现，这两个问题的答案都是肯定的，而且它的实践成本不高，难度也不大，只要你行动起来，哪怕只是试一试，它也能为你带来改变，令你有所收获。

在这 3 个步骤中，最重要也最艰难的其实是第一步，也就是"认清你在冲突中的角色"，这一步尤其需要勇气和智慧，能让你为自己的人生承担起责任来。在冲突中，很多人常常把双方分为"加害者"和"受害者"，或者分为其他类型的"敌对"双方。一些人因此自怨自艾，哀叹痛苦和不公，陷在负面情绪和无助中动弹不得；另一些人的愤怒日益泛化，像刺猬一样把刺扎向身边的每个人，这导致了更多破坏和冲突。而这一切，本质上是因为当事人没有认清或者不愿面对自己在冲突中扮演的角色。有些时候，不但从结果和痛苦程度上来看，一个人是"受害者"，而且放眼冲突的整个发展过程，甚至在冲突发生前（比如你和对方根本还不认识的时候），这个人的身上可能已经有了大概率会导致冲突和"受害"的属性，比如一直

译者序　一个人也能解决冲突

习惯性地压抑自己的情绪和需求以讨好对方，使对方很难获得真实的信息。在这样的情况下，就很难积极地调整心态、与他人更好地相处。当然，还有一些"对方"确实不怀好意，这本书也为你提供了可以直接拿来就用的说"不"的表述。

总之，面对冲突，改变很重要，而你本人就是那个可以主导改变发生的最佳人选，哪怕只靠你一个人，也能解决涉及多人的冲突——书里也给了不少化敌为友、结成同盟的具体方法。这些方法让你不再孤立无援，从而在合作中取得更大、更令人惊喜的进展。愿本书带给你启发，更愿你知行合一，把改变带进现实。

中文版序

同理心是改善人际关系的利器

非常荣幸我的著作《与生命中重要的人好好相处》中文版能与中国读者见面。能与中国的广大读者分享我的经历与思考,我无比感激。作为一个在纽约长大的女性,我曾读过一本名为《中国智慧之源》(*Springs of Chinese Wisdom*)的小书,它收录了孔子、老子等智者的名言。这本蕴含着中国古代思想家智慧的书,对我理解人际关系和沟通艺术产生了深远的影响,这种影响贯穿了我的整个成长过程。

在中国出版《与生命中重要的人好好相处》如同架起了一座桥梁,这是一种超越了国界和语言的联系,让我们在追求和谐与理解的共同旅程中紧密相连。我坚信,本书所分享的原则

与生命中重要的人好好相处　THE SECRET TO GETTING ALONG

和见解与尊重、同理心等价值观相呼应，这些价值观对于全球各地的人们实现和平沟通至关重要。在这个快节奏的世界中，我们常常忽略在行动之前先退一步的智慧。我希望这本书能够激发有意义的对话，促进拥有不同背景的人之间更深层次的联系。

回顾这本书的创作过程，我满怀感激，感谢所有支持和激励我的人。这本书既是我的第一本书《更好地分开》（*Better Apart*）的前传，也是我在 TEDx 演讲中分享的 YES 方法的延续，该方法是我独创的。因此，本书的写作过程是一次充满发现与成长的旅程。与拥有不同生活背景的受众交流，倾听他们的故事，并从他们的观点中学习，是一种无上的荣幸。

感谢你们让我的书进入你们的生活。我期待与你们一起探索人际关系的微妙之处，发现相处的简单之美。我希望这本书能成为你们在应对生活和关系复杂性时的宝贵指南和灵感源泉。

YES 方法为改善人际关系提供实用策略

YES 方法为任何希望改善人际关系和沟通技巧的人提供了

中文版序　　同理心是改善人际关系的利器

实用的策略。这种方法对于那些发现自己处于理解和协作等至关重要的情况下的个体特别有益。无论你是在应对职场动态的复杂性，努力维护家庭关系的和谐，还是希望友谊更稳固，YES方法都提供了宝贵的工具。该方法侧重于三个关键组成部分，对应本书的三个部分，分别是：**认清你在冲突中的角色、探究冲突背后的情感故事和暂时搁置激烈的对话**。理解你的角色意味着要认识到你在对话中所处的位置和你所带来的影响，也就是说要意识到你的意图、偏见以及言语的影响。这种意识能够促使你在交流中带着责任感和专注度，从而促进更加富有成效的对话。

第一部分"认清你在冲突中的角色"强调了洞悉言辞背后的情感的重要性。它鼓励我们不仅要听对方在说什么，还要探究驱动对话的感受和经历。我们可能因所求之物而发生争执，但如果能理解我们真正的需求，就可以找到有意义的解决方案。

第二部分"探究冲突背后的情感故事"强调通过理解我们自身的核心情感动机，以及对他人情感故事的共鸣，我们可以与他人建立更深层次的联系并展现真挚的关怀。

第三部分"暂时搁置激烈的对话"强调提供一个空间，让我们有机会梳理自己的情感故事。这一步骤主张我们应暂时退后一步，冷静下来，反思，然后再以更加清晰的思维和更平和的情绪回到对话中。这是冲突管理中至关重要的一环，它有助于防止事态升级，并且提供经过深思熟虑的解决方案。只要我们能够退后一步，识别自己的核心动机，就能改变行为方式，为相关方创造更加有益的结果。

YES方法适用于从解决工作中的冲突到管理个人分歧等各类情况。通过采用该方法，人们能够在日常生活中以及工作中实现更为相互尊重、更能相互理解的高效沟通。

尊重不同文化背景下的沟通差异

我有幸能与具有不同文化背景的人互动，在互动过程中我观察到，虽然人类互动的基本要素具有普遍性，但不同文化背景下的个体在沟通和解决冲突方面确实存在差异。这些差异通常源于文化规范、价值观和社会期望，这些因素共同塑造了我们在社会互动中的认知和行为。

例如，在许多西方文化中，沟通风格倾向于更加直接和明确。人们通常被鼓励坦率地表达自己的思想和观点，哪怕这可能意味着与他人产生分歧。这种沟通方式强调个人主义和自信，冲突往往通过正面交锋来解决，重点在于通过对话和协商寻找解决方案。

我了解到，在包括中国文化在内的许多东方文化中，直接的沟通方式可能会被视为无礼，因为这些文化非常重视和谐与集体利益。在这些文化中，沟通往往更为间接和细腻，重点放在维护人际关系和避免正面冲突上。在这些文化背景下，人们通常会更注重对权威人士、年长者和社会等级高的人的尊重。因此，人们更倾向于使用微妙的暗示和非言语沟通来表达他们的思想和情感。冲突通常通过调解、妥协以及专注于维护团体内的和谐来解决。

这些沟通风格上的文化差异有时会导致误解和曲解，尤其是在跨文化交流的场合。例如，在那些重视委婉表达的文化中，直接的方式可能会被视为粗鲁或攻击性，而在那些倾向于直截了当的交流的文化中，委婉的方式可能被看作是回避或含糊。认识并尊重这些差异至关重要，因为它们深植于各自的文化传统和信仰之中。

在重要时刻暂停并自问，你的行为在不同文化背景的人眼中可能会被如何解读，这可能成为改变游戏规则的关键。认识并尊重这些差异，可以促进更有同理心和更有成效的互动。它使我们能够以文化敏感性来处理冲突，并调整我们的沟通方式，以更好地与交流对象的文化背景相契合。**在全球化日益加深的世界中，跨文化交流变得日益频繁，培养对这些差异的意识对于促进理解和协作至关重要。**

培养同理心，与他人互动的关键

在我看来，与他人互动中最为关键的要素，以及实现相互理解最强有力的途径，是培养真挚的同理心。**同理心是有意义、富有同情心的沟通的基石。它让我们能够理解他人的情感并产生共鸣，建立起关联感和相互尊重的氛围。**缺乏同理心，我们的互动可能会变得功利和肤浅，缺失了真正理解和协作所需的深度。

同理心不仅仅是对他人情感的简单认可，它涉及积极倾听和专注于当下。这意味着我们要放下自己的判断和观点，真正倾听对方在说什么。它要求我们开放地理解对方的经历和情感，即使它们与我们自己的不同。拥有了同理心，我们就能为他人创造了一个安全的空间，让他们真实地表达自己，这可以带来更诚实和更富有成效的对话。

中文版序　　同理心是改善人际关系的利器

同理心在解决冲突中也起着至关重要的作用。当我们以同理心来处理冲突时，我们接受了"自己也是不完美的"这一事实，并且愿意了解对方的观点。从这个角度出发，我们能够更好地从对方的视角看待问题，这有助于缓解冲突时的紧张情势并找到双方立场中的共同点。它鼓励我们寻找尊重每个人的需求和感受的解决方案，找到以合作而非对抗方式解决冲突的方法。

在冲突的混乱中寻求平静，关键在于与他人建立深层次的联系。这是在人际关系中建立信任、理解和尊重的核心。如果能够在互动中将同理心放在首要位置，我们就能够构建更有意义的联系，并以同情和优雅的态度应对复杂的人际关系。

前 言

如何更好地与人相处

希拉里和西蒙从高中时代起就是最好的朋友。高中毕业以后,她们进入了同一所美容学校学习。毕业后,两人在当地一家美发沙龙租了两个挨着的位置,开启了理发师的职业生涯。那时候她们还制订了一项商业计划。后来,希拉里和西蒙在芝加哥买下了一家美发沙龙。10年后,她们的沙龙有了一流的造型师团队,顾客通常需要提前几周预约。这家沙龙有一群非常忠实的客户,生意不断,员工也很开心。从各方面来看,这两个要好的朋友一起创办了一家一流的企业。

希拉里开心得不得了,她梦寐以求的事情变成了现实:有一份不错的收入,还能和自己最好的朋友一起工作。西蒙对沙

与生命中重要的人好好相处　THE SECRET TO GETTING ALONG

龙的发展情况也很满意,至少头几年是这样。但由于她希望把生意做大,因此她每次走进沙龙时,总是感觉不满意的地方越来越多,因为她想要的更多了。曾经的乐趣突然变得单调乏味,西蒙萌生了新的想法,她想扩大沙龙的规模,赚更多钱。

在和希拉里喝酒聊天时,西蒙提出了扩展业务的想法,她认为首先要把公司搬去一个更好的地方。希拉里立刻回应,如果能搬到一个更好的地方,那真是"棒极了"。直到西蒙离开时,她觉得她和希拉里都对这个提议感到十分兴奋。但西蒙不知道的是,希拉里只是表达了兴奋之情,实际上并没打算搬走。尽管希拉里对自己的事业感到自豪,也像西蒙一样充满热情,但她并没有像西蒙那样急于扩张。也就是说,当西蒙提出这个想法时,希拉里说"棒极了"只是不想让朋友失望,仅此而已。她以为西蒙可能会忘记这件事,然后继续她们现在已经足够成功的商业冒险。

然而,对西蒙来说,希拉里说的"棒极了"就表明完全认同自己的想法。她带着这份认同立刻行动起来,去为沙龙寻找一个完美的新址。不到一个月,她就找到了。但西蒙没想到,希拉里迟迟不签租约,结果可想而知,那个地方被别人租走了。这件事令西蒙感觉很沮丧,两个月后,同样的事情再次上演,而这一次,西蒙不仅失去了租约,也即将失去一个能帮助

前言　如何更好地与人相处

她寻找新址的业务联系人。西蒙愤怒地指责希拉里又一次迟迟不签租约,而希拉里对这样的指责感到很困惑,这让西蒙更愤怒了。

希拉里不明白西蒙为什么如此沮丧。在希拉里看来,她们还没有认真讨论过要不要做出如此重大的改变,西蒙便冲动地往前冲了。但从西蒙的角度来看,她们已经商量好了,所以西蒙非常恼火,她无法继续心平气和地与希拉里说话。

从那时起,希拉里和西蒙的事业合伙人关系以及几十年的友谊迅速分崩离析。希拉里收购了西蒙在沙龙的股份,西蒙离开了沙龙并开始自己创业。尽管希拉里保留了员工和公司客户,但她缺乏西蒙的商业智慧,不善经营,后来她别无选择,只得关闭了沙龙。而西蒙也因为没有希拉里的独到眼光,同样遇到了麻烦,无法找到能吸引更多客户的有才华的造型师。

除了失去合伙人关系,更重要的是,希拉里和西蒙都失去了彼此珍视的友谊。两位聪明、有成就也真正关心彼此的女性一起创办了一家成功的企业,她们原本可以深入地聊一聊这家企业的未来发展,却爆发了一场争吵。这场争吵既破坏了她们的合作关系,又断送了她们的友谊。她们没有进行任何有意义的沟通,只是想当然地得出一些结论,然后渐生嫌隙,相互指

与生命中重要的人好好相处　THE SECRET TO GETTING ALONG

责，最终彻底绝交。

发生在希拉里和西蒙身上的这件事，是人类沟通失败的常见情形，现如今这种情况已经变得越来越普遍了。从最初的分歧演变成一轮又一轮毫无意义的争吵，最终导致商业伙伴、朋友和爱人等关系的破裂。而且，当身处其中的两个人渐行渐远时，修复这些裂痕的难度也越来越大。

不需要特别提醒，我们也能意识到我们目前所面临的人际关系紧张和分歧程度达到了前所未有的水平，并且很多人不愿意在冲突中与他人进行任何有意义的沟通。与是否接种疫苗或是否戴口罩相关的争论破坏了很多人几十年的友谊，让本来就已经长期搁置的家庭聚会再次被取消。人们容易为政治、经济、个人健康和养育子女等问题而争吵，这让每个人都变得比以前更加孤独，也更容易受到抑郁和焦虑等心理健康问题的影响。[1]

但是，当我们只把注意力集中在日益加剧的两极分化上，或者仅仅把这一切归咎于"这疯狂的时代"，就会忽略其中更令人担忧的部分，那就是我们化解冲突的能力已经变得非常弱。**在这个过程中，我们已经忘记，人际关系中存在某种程度的分歧是正常的，甚至是必要的。**当我们面对人际关系中的冲突时，会理所当然地采取零和策略，并不惜一切代价把"赢"

前言　如何更好地与人相处

放在首要位置。虽然证明"我做得对"会让自己满意，但从长远来看，这并不会对我们的人际关系和人生有多大帮助，在人与人之间的共情、联结和团结上同样没有好处。即便如此，我们依然会非常执着于自己的立场，因此成为前所未有的糟糕的倾听者。此外，对于已经渗透到家庭、工作和社交网络等领域的人生中方方面面的冲突，我们通常感到非常无助。

幸好，我们有强大的力量来重塑我们与冲突的关系，并成为更强大、更冷静、更善良的人。本书将向你展示一些方法，从而给你带来心态和沟通技巧上的巨大转变，接纳或化解私人关系和职场关系中的冲突。我在日常的法律和调解工作中总结并提炼了这些方法，形成方法论，并成功地运用了 20 多年。

YES 方法，以不同的方式看待冲突

我 30 岁时，是纽约离婚法庭的书记员，我从来没想象过我有多么喜欢并且擅长给一场"离婚大战"一个相对令人满意的结局。我的工作就是起草一份能被激进的律师和愤怒的客户同时接受的方案。

我和我的先生米奇结婚后，从美国纽约州的布鲁克林区搬

与生命中重要的人好好相处　THE SECRET TO GETTING ALONG

到了马萨诸塞州北安普敦，我开了一家私人调解机构，力图帮助想要离婚的人们和平地分手，避免走到对簿公堂的地步。这意味着我需要与对方的代理律师合作，一起达成合理的解决方案。我们会在客户达成彼此都能接受的妥协条件过程中提供支持，而不会试图帮助他们在法庭上一较高下。

现在，我也通过网络拓展业务，帮助美国各地的人在离婚过程中得到最好的结果。有时，这个过程会有律师参与。通常情况下，前来调解的夫妻双方都希望能平和地翻过他们生活中这艰难的一篇，而不是争个你死我活。

无论如何，我都会和他们一起努力，并使用一种叫作 YES 的方法来解决这些日常冲突，关于这一点，后文将详细讨论。**先剧透一下：为了更好地处理冲突，这一切将从"你"开始。**每个人都能掌握相处的秘诀，并且可以用在由于积怨已久而引发的争论中。YES 方法十分有效，它提醒我们只要做出一个小小的改变，就能产生极佳的效果。当然，你必须牢记 YES 方法的 3 个步骤，并且在陷入某种冲突时，严格按照这 3 个步骤来解决问题。一旦你开始使用 YES 方法，你会发现在大多数关系中，即使它无法带来完美的结果，也能缓和你与他人的关系。关于这一点，后文会详细介绍。

前言　如何更好地与人相处

2019 年，我自己的第一本书出版，名为《更好地分开》，目的是帮助读者避免在离婚过程中出现有争议和有破坏性的冲突。《更好地分开》一书聚焦 5 个基本要素，即耐心、尊重、平和、清晰和原谅。通过这 5 个要素，我成功地帮助那些正在离婚过程的人重新思考他们应该如何更好地处理每一步。从那以后，我做了几十次演讲，接受了多次采访，专注于通过改变离婚双方的对话方式来帮助他们更轻松、优雅且有力量地解决离婚问题。

在《更好地分开》出版后，令人意想不到的事情发生了，我过去和现在的客户，以及我的许多朋友和同事都来向我寻求帮助，他们不仅向我咨询离婚问题，而且希望我能帮助他们处理生活中其他会破坏关系的冲突。我觉得本书需要一个不同于我在《更好地分开》中给出的解决方案，是因为《更好地分开》一书聚焦于帮助读者在一段已经无法挽回的关系破裂后重拾对生活的信心。这一次，我想开启一个新的项目，用来帮助人们培养与冲突共处的更健康的关系。我将展示一种容易掌握，且会激发你进行深刻思考并促使你做出根本性改变的方法。

正是在这个机缘下，我开始对我在这 20 多年的调节实践中凭直觉使用的 3 个步骤加以总结。我发现自己经常使用这些步骤来防止因冲突导致的人际关系破裂。我想，通过引导人们

与生命中重要的人好好相处 THE SECRET TO GETTING ALONG

使用相同的步骤，或许能够帮助他们在生活中应对各种各样会引发冲突的情况，比如应对与家人的争吵，以及与他们那些头脑发热、持有令人讨厌的政治观点的亲朋好友打交道。我将这种方法称为 YES 方法，这 3 个字母的具体含义如下：

- Y 代表你在冲突中扮演的角色。
- E 代表情感故事。
- S 代表搁置激烈的对话。

通过整合这 3 个容易掌握的步骤，YES 方法可以帮助你应对各种形式的冲突，并防止冲突升级为不受控制的混乱。它能防止你对冲突反应过度，也能防止你一气之下与那些很重要的人断绝关系。YES 方法可以让你看到处理人际关系时更好的选择。这些选择可以让冲突双方走向团结，认识到在出现问题时选择忽略、回避或令冲突升级是不明智的。而且，更重要的是，它鼓励进行自我反省和进行情绪管理这些具有挑战性的做法，目的是让你获得真正的个人成长。我在本书中给出的建议是，在你考虑与朋友或亲人断绝关系、从公司离职或者结束婚姻关系之前，你应该首先认清自己在冲突中扮演的角色，并从不同的角度看待冲突。

需要说明的是，我并不是鼓励你在遭遇糟糕的事情时逆来

前言　如何更好地与人相处

顺受，也不是鼓励你在面对秘密和谎言时把头埋在沙子里，更不是说这种方法可以替代咨询或专业治疗。如果你过去的经历或现在的生活给你造成了创伤，或者使你陷入了难以走出的困境，那你应该寻求专业人士的帮助，而不指望靠阅读一本书来解决问题。我也承认，优越的生活条件给了我独特的见解，也造成了我经验上的局限。也就是说，只要你的基本需求得到了满足，且并没有陷入一段包含虐待的关系中，你就会发现，通过 YES 方法，可以有效地解决问题，可以在生活的各个方面减少不必要的、不断上演的冲突和争论。

我将借助 YES 方法向你展示，面对职场中的紧张关系、与他人观点不合，以及无休止地对于如何做父母或者如何装洗碗机的日常争论时，你应该如何沟通并建立良性的合作关系。无论你是在离婚调解桌上、家里的餐桌上，还是在评论区的虚拟圆桌上，都有可能拥有更好的相处模式，而且这一切会比你想象中容易实现。通过练习、讲故事、选择合适的开场白和利用其他实用的工具，你将学会如何在最不舒服的对话中，或在让人抓狂的人际关系中保持冷静和情绪稳定。我想再次强调的是，如果你处于一段遭受虐待的关系中，那么抽身离开是唯一的答案。在很多情况下，我们有能力以令人意想不到但切实可行的方式来改变关系动态（relationship dynamic），从而获得更长久的健康关系和幸福。

与生命中重要的人好好相处　THE SECRET TO GETTING ALONG

不过，你不要寄希望于通过 YES 方法在所有关系中获得立竿见影的永久平静，更不要指望它能解决所有冲突。它会为你提供需要的工具，让你在复杂的人际关系中有更多选择空间。事实上，和平与冲突解决的状态往往转瞬即逝，尤其当你面对的冲突与深深植根于你内心深处的东西有关时，你可能很难彻底解决冲突、获得永久和平。**我的目标是帮助你在冲突中获得情感上的自由——我称之为"平静"。这种自由让我们可以放眼全局，以更好的、更中立的态度处理冲突，并达成更令人满意的协商结果。**与其花好几小时在脑子里一遍又一遍地回忆冲突的场景，后悔因一时冲动葬送多年的友谊，或者围绕着同样的争论点反复争论几周、几个月，甚至几年，不如借此机会学会把冲突作为每段关系的一部分来接纳，并将其视作一个成长的机会、一个实现生活平衡的契机。

要找到平静，你首先需要向内看。虽然很多人认为冲突是外在的，但实际上，我们对冲突的感受在很大程度上是主观的，它源于我们内心的感知、习惯和经历。换句话说，冲突的发生不仅仅是因为双方对一件事持有不同的看法，也可能是因为个人根深蒂固的习惯、观念和心态，是这些东西在控制我们所做的一切。[2]

YES 方法既不是一份纯粹的关于调解人际关系的说明性指

前言　如何更好地与人相处

南，又不是协助你从冲突中得到你"想要"的东西的法宝。它是一种改善人际关系的方法。更重要的是，它能帮助你获得内在平衡的状态。能够意识到我们与他人（以及我们内心）的分歧出现在哪里，是很有启发性的。因为，这是一个机会，可以让我们更好地理解是什么促成了自己现在的行为，也让我们在自己周围这有时令人十分厌烦的环境中如鱼得水。

当你在阅读本书时，你将开始更加清晰地意识到自己在冲突中扮演的角色，并在本书的指导下，判断自己的习惯性思维方式、行动方式和反应方式怎样逐步导致了冲突。这种方式提供了一个途径，可以使你审视自己的内心世界，让你可以从内心到行为重新校准人际关系。你将学会讲述你的情感故事，搁置激烈的对话，并避免不必要的或没有成效的对话。当你继续阅读并开始实践 YES 方法时，会发现做出小的改变就会产生大的影响。当你跨过生活和人际关系的陷阱与障碍时，会变得更加了解自己，想得更加周全，视角也会变得更加开阔。

3 个步骤，有效解决生活中的冲突

YES 方法包括 3 个关键步骤：第一步，了解你在冲突中的角色（你在关系动态中扮演的角色、你的关系目标、态度和习

与生命中重要的人好好相处 THE SECRET TO GETTING ALONG

惯);第二步,探究冲突背后的情感故事(了解彼此的真实需求和我们的内心故事);第三步,暂时搁置激烈的对话(为冲突按下暂停键,改变冲突的发展路径,让对话进行得更顺利)。这些步骤是一个有意识地将内在行为扩展为外在行为的过程。

要认识到,冲突其实也是一个有助于关系发展的礼物。认识到这一点,我才得以顺利完成数百次复杂的调解工作。更棒的是,它让我有机会维护一个由不少观点与我截然不同的朋友和同事组成的多样性网络。YES 方法鼓励进行更多循序渐进的互动和更深入的对话,更重要的是,该方法能够帮助人们在家庭、工作和生活中获得一种令人欣喜的平静感。通过运用该方法,你将获得一种全新的与内在自我和周围世界互动的能力。

即使是爆发了最严重的冲突,哪怕是关于观点分歧和立场方面的争执,你也可以使用 YES 方法。**YES 方法最令人兴奋的部分在于,应用它时,你不需要改变自己的任何行为,只需要改变想法,就可以从根本上改变与他人互动和回应他人的方式。**YES 方法的实践过程会将你从看似已经失控的冲突泥潭中解救出来。

本书共分为 4 部分,可以帮助你在生活中循序渐进地学习并实践 YES 方法。

第一部分：认清你在冲突中的角色。这一部分说明了为什么冲突总是双向的。我们总会有意无意地将全部责任都推到与我们发生冲突的人身上，不愿意承认自己也有责任。[3] 在这一部分中，我将指导你认真审视自己在冲突中扮演的角色，并帮你看清那些让你感觉痛苦的关系是如何动态发展的。我也希望你能在面对冲突时认真思考自己想从这段关系中得到什么，并更深入地思考当你试图"赢得"一场争论时，真正能得到的是什么。这一部分将进一步阐明，我们习惯性的思维和行为方式如何强有力地塑造了关系动态。[4] 留心自己的习惯性思维模式和行为方式，就可以做出一些小改变。然后你会发现，你可以将花在争吵上的时间用在改善人际关系上。你会享受这种改变带来的良好体验。

第二部分：探究冲突背后的情感故事。当你认清了自己在冲突中扮演的角色，并理解该如何改变自己的习惯后，你就能更好地处理冲突。我将带领你进一步向内探索，了解用何种方式倾听，才能获得更好的结果。具体来说，这部分将介绍如何更好地倾听你与冲突的另一方实际上在争论什么，或者了解到你们为什么会发生冲突而不是正在发生什么冲突。我也会着重介绍为了认清你内心的故事，你需要重视的所有需求，因为只有当我们仔细倾听自己做出反应背后的根本原因，才能找出冲突的根本原因是什么。与此同时，你也可以学会真诚地倾听对方所说的话，并真正站在对方的立场提出问题。我会鼓励你花时间去理解听到的话，而不是立即根据感觉做出反应。结合你在第一部分中学到的自我探索、自我认识和对习惯的觉察与管理方法，你在面对冲突时将不会出现过激反应，并保持一种开放的态度去了解双方言语和行为背后的深层含义。

第三部分：暂时搁置激烈的对话。这部分将帮助你实现内在行为和外在行为的一致。当谈话和关系陷入僵局时，如果你能选择搁置或暂停，就能从根本上改变自己的行为和关系带来的结果。在做出反应之前，给自己留出一些空间来思考并稳定情绪，这将帮助你在互动中识别那些能帮到你的言语和行为。即使你是唯一参与这个过程的人，也能够变得不再那么专注于对抗，并学会建立更清晰的边界。此外，你还会学习如何改变自己的行为，让自己的想法从消极变得中立，甚至积极，这对改变你在面对他人时的反应来说至关重要。

第四部分：你可以更好地与人相处。即使你尽了最大努力，满怀热情地使用了前三个部分介绍的方法，积怨已久的冲突双方可能仍会剑拔弩张。这一部分将带领你制定相应的策略，让你学会如何在特定的关系中学会让步，包括向他人让步，以及更重要的——向自己让步。我将帮助你学会如何为应对未来的冲突做好充分的准备，也就是在前进一步之前先后退一步。需要强调的是，通过拥抱自己的弱点、想象目标，你可以从所有关系中得到更多你想要的东西，并成功实现目标。

第四部分还将说明，运用 YES 方法是一个持续进行的过程。在所有关系动态中，妥协、让步和宽容都是必要的，这样做的最终目标是让你从人际关系和互动发展中获得最大化利益。**关键在于，只要保持开放的态度，对自己的内心和外在表现都保持适度的耐心，我们的人际关系就有机会朝着积极的方向发展。**

YES 方法可以让你以更有效的方式参与重要的关系构建，而不再逃避冲突或逃避令人不舒服的对话。事实上，YES 方法可以有效地处理冲突，可以让人际关系朝积极的方向发展。很久以来，我们总是倾向于认为冲突是坏的或者不健康的，然而，有了 YES 方法，即使是最难以化解的冲突也可以变成改善关系的机会，进而成为你人生中难得的成长契机。

冲突是生活的一部分，是无法避免的。虽然任何类型的关系冲突都可能让我们感到悲伤和无能为力，而且还有可能彻底颠覆自己的生活，但冲突也可以成为一件礼物，给予我们一个难得的机会去建立并加深与他人的联系。通过学习 YES 方法，你不仅能解决生活中最大的冲突，还能从内而外地彻底改善人

与生命中重要的人好好相处　THE SECRET TO GETTING ALONG

际关系,进而重塑人生。

　　运用 YES 方法,你可以把自己从不必要的冲突中解放出来,并规划更好的前进道路。当你掌握了这个方法中的所有步骤,将从迷惑走向明晰,从危机走向平静。最终,你会在应对一次又一次、一天又一天的冲突中变得更加从容与自如。

目录

赞　誉
译者序　一个人也能解决冲突

曹雪敏
复旦大学社会心理学博士
国家二级心理咨询师

中文版序　同理心是改善人际关系的利器
前　言　如何更好地与人相处

第一部分
认清你在冲突中的角色

01	认清你的角色	003
	让自己成为解决方案的一部分	004
	评估与他人的关系，为互动设立目标	007
	冲突不是非黑即白	012
	不能改变他人的看法，但可以改变自己的方式	015
	认真倾听他人的心声	018
	和"敌人"也要保持亲密	022

02	**驾驭你的习惯**	**029**
	当思维僵化时，放松你的大脑	032
	3个步骤，改变你的习惯性思维	033
	好的习惯养成需要练习	036
	保持内心的平静，做更理智的选择	037
	保持外界的平静，改变沟通方式	039
	不做，也是一种力量	041
	做出一点小改变，养成新的习惯	044
	让决心变得具体且明确	047
	允许自己一次只解决一件事	051

第二部分
探究冲突背后的情感故事

03	**保持中立，创造更多可能性**	**057**
	考虑更多可能性	063
	找到"刚刚好"的选择	066
	积极倾听，为更好的交流提供机会	073
	多倾听，少评判	077
	重新思考冲突，探索更多可能	082

04 要思考"为什么",更要关注"是什么"　　089
　　为什么在乎,清楚地表达对问题的情感需求　　095
　　给"为什么"列一个清单　　098
　　找到他人的"是什么"　　101
　　灵活思考,改变僵化的思维　　104

05 探索你的内心故事,改善人际关系　　107
　　内心故事决定看待冲突的方式　　110
　　创造积极的内心故事,让好结果成为现实　　113
　　学会理解自己的内心故事　　115
　　内心故事如何解释自己的生活　　118
　　剖析并重塑内心故事,从根本上化解困境　　121
　　如何探索你的内心故事　　123

第三部分
暂时搁置激烈的对话

06 搁置和边界让你重获自由　　131
　　不回应有时就是最好的回应　　134
　　明确的边界让你自由　　137
　　学会说"不",为自己留出空间　　140

	积极地说"不",为人际关系留一条后路	145
	有边界感才有能量	148
	为自己创造避风港	152

07	**放下防御心才能更好地解决问题**	**155**
	要深思熟虑地回应,而不是冲动地反应	158
	打破"羞耻—指责—防御"循环	163
	暂时搁置,是为了更好地回应	164
	为冲突按下暂停键	167
	承认并接纳自己的缺点,摆脱羞耻感	169

第四部分
你可以更好地与人相处

08	**VIR 协议,与人相处的秘密武器**	**181**
	VIR 协议,YES 方法的助推器	183
	认真对待自己的感受	188
	接纳自己的脆弱	191
	四个步骤,了解自己的弱点	194
	更好地相处,而不是完美地相处	197

09	**保持冷静，防止冲突升级为混乱**	**201**
	"没什么大不了"和"天要塌了"	206
	陷入冲突螺旋	208
	3个策略，让你远离冲突螺旋	210
	解放自己，将任务委派给他人	215

10	**相处是一个持续的过程**	**219**
	平静更有利于维持健康的人际关系	223
	充足的睡眠有利于化解冲突	225
	妥协、让步和宽容	226
	为更平静的当下创造空间	232

后　记	没有最好，但可以相处得更好	237
致　谢		239
参考文献		243

exte
THE SECRET TO GETTING ALONG

第一部分
认清你在冲突中的角色

认清你在冲突中的角色
THE SECRET TO GETTING ALONG

　　YES 方法的第一步是认清你在冲突中的角色，尤其是认清你的情绪、偏见和假设。你可能不认同下面这个观点：在任何冲突中，你自己也是问题的一部分，而且是冲突中你唯一能控制的部分。如果没有充分地理解自己在冲突中扮演的角色，那你调整关系动态的能力就十分有限，也很可能错过个人成长和关系发展的机会。YES 方法的第一步会帮助你培养接纳的心态，让你能够更好地开始倾听，并保持中立。

　　这个开始很关键，因为这会帮助你认识到你的言语和行为如何导致了生活中的冲突。接下来的内容会具体地告诉你该如何在每一段困难的关系中明确目标，并意识到自己的习惯，包括习惯性的想法、态度和行为，如何引发了生活中的冲突。当我们能够识别并理解这些习惯时，就有能力去重新解读从别人那里得到的反应，这会让我们与他人的关系发生有意义的改变。也就是说，**只有先认清自己在冲突中的角色，我们才能真正开始在冲突中沟通。**

01

认清你的角色

我对冲突并不陌生。我在一个吵吵闹闹的意大利犹太家庭长大,没有人会回避争论。在我年少的时候,家庭经历教会了我这些事:如何说出自己的想法,如何做出反应,如何适应冲突,然后得到我想要的。通过观察周围的混乱情况,我发现每个人都有能力在沟通方式上做出微小的改变,然后彻底改变自己的关系动态。

虽然很多时候看起来都是对方引发了争吵,但人们也常说"一个巴掌拍不响",当双方都后退一步,你就能很容易地看到自己在冲突中扮演的角色。比如,如果你习惯一边玩手机游戏一边和伴侣说话,你的伴侣很可能会感到被忽视,并且会以简短、疏远、命令或要求的方式回应你。随着时间的推移,这种看似无害的习惯很可能会破坏这段亲密关系。再比如,你习惯早上 10 点走进办公室,一直工作到晚上 9 点,但标准的工作时间是早上8点至下午5点。虽然你实际的工作时长比大多数人都要长，但如果你因此被公司警告，也没必要感到惊讶。

如果你希望更轻松地处理人际关系，能够和他人更好地相处，那么，认识自己在冲突中的角色至关重要。接下来，看看我们在日常关系中造成的一些常见的无意识的错误、麻烦和形成的类似假设吧。我们弄清楚了自己为何会产生负面反应后，就能知道该怎样改变自己的想法、言语和行为，从而让自己由内而外地获得更好的感觉。

让自己成为解决方案的一部分

遇到米奇之后，我们很快就订婚了。我们之间的化学反应很强烈，他甜蜜又体贴。我以前的交往对象有纽约市区的专业人士，也有郊区的专业人士，在与他们约会多年后，我发现开着一辆丰田塔库玛皮卡、爱好钓鱼和打猎，还拥有生物学博士学位（方向是鸟类研究）的米奇对我来说，充满新鲜感。我们之间只有一个问题：他是个乡村男孩，而我是土生土长的纽约人。那时候我刚30岁出头，已经当过15次伴娘。我觉得自己是时候结婚生子了。于是，我放弃了备受尊敬的离婚法庭书记员的工作，离开了家人和朋友，跟着我的生物学博士丈夫搬到

01　认清你的角色

了郊区，组建了家庭。我知道他赚得没我多，但直到我们住在一起，我才发现他还需要经常出差，而他在家的时候，又会花大量时间去健身房锻炼。

当米奇宣布他要换一份新工作，而这份新工作会让他离家更久时，尽管我对此有很多顾虑，但还是接受了。我支持他做自己喜欢的事情，告诉他应该追求自己的使命。对我来说，这么做似乎是正确的选择，但我依然对这个决定深感沮丧。很快，我就发现自己不再对未来的新生活抱有期待，我不仅面临着补贴家庭收入的更大的经济压力，还要承担越来越多的育儿责任。不久以后，米奇升职了，这意味着他之后会有将近 1/4 的时间都不在家里。而每当回到家时，他又会急于补偿他出差时错过的时光，他会去健身房锻炼、做美食、陪伴我们的三个儿子。但我感到烦躁、孤独和被忽视。我想不通为什么曾经宠爱我、与我相处甜蜜的男朋友在结婚后会变成现在这样。他不再关注我，而我却无比渴望他的关注。随着时间的流逝，我变得越来越怨恨这一切，也越来越觉得自己根本无力改变这一切。

但后来，我突然意识到这么多年以来，我其实是导致这段不平衡关系的"同谋"。一直以来，我觉得自己的生活中完全没有米奇的存在——为了支持他的梦想，我把自己的人生和生活全部转向了他需要的方向，但在这个过程中，我又为自己做了什么呢？我为自己做得非常少。那这究竟是谁的错呢？当我们的关系几乎跌至谷底时，我才意识到自己也是问题的一部分，而要想改变现状，我唯一能做的就是换一种方式思考和行动。

我开始像鼓励米奇一样鼓励自己。我不再把自己的不幸归咎于米奇，而是重新开始规划生活。我与这个世界有了更多互动，就像我们结婚前那样。我开始在婚姻之外的生活中考虑自己的需求，我离开孩子，增加了离开郊区去拜访朋友的次数。我开始强迫自己锻炼，为自己做更多事，也为这个世界做更多事，比如撰写我多年以来一直想写的第一本书。慢慢地，我感觉好多了。

至于米奇，让我非常意外的是，他接受了这一切。

起初，每当我告诉他我正在练习更顾及自己的感受时，我做好了面对他抗议的准备。但令我高兴的是，他几乎没有任何抗议的举动。在这个过程中，我平静而彻底地重建了自己的世界。以前，我将大把精力消耗在了对米奇的愤怒和指责上，却没有意识到，我其实在因为自己做出的选择而责怪我的丈夫。一直以来，我自己也是问题的一部分。现在，或许他也更加清楚地意识到了我的孤独感，也更加了解我的情感需求。但总的来说，在过去那些艰难的日子里，米奇并不是让我感到孤独和产生压力的罪魁祸首。他只是在按照自己的意愿生活，而我其实也需要这么做。结果我却浪费了那么多年时间去回顾和纠结自己有多痛苦，真的是太多年了！

很多时候，我们生气时会把责任推给别人，对于彼此间发生的事情，我们会给自己讲一个消极的故事。然后，我们要么战斗，要么逃跑。[1] 然而，此时我们真正需要做的，是关注并弄清楚在每一段麻烦的人际互动中自己所扮演的角色。当然，这并不意味着所有问题的产生都是我们的错，这仅仅意味着我们是关系动态中的一部分。一旦人们意识到自己在互动发展中扮演的角色，就有能力去减少甚至消除严重的冲突。当人们改变自己的想法、言语和行动时，就会得到更积极的反馈，这时，关系也会发生转变。在尝试 YES 方法的其他步骤之前，我们要明确并清晰地意识到自己是问题的一部分，这不可或缺。因为只有认识到自己在困境中扮演的角色，才会选择制订策略，让自己成为问题解决方案的一部分。

评估与他人的关系，为互动设立目标

当然，并不是每一段关系对你来说都同样重要。我们对伴侣、亲人、朋友、同事、同学、邻居甚至陌生人的关心程度是逐级递减的。虽然人们天生就需要人际联系，但对每段关系的心理预期并不相同。和米奇结婚以后，我一直怀着很大的动力去寻求一种方法以应对生活方式的差异引发的冲突，希望找到一个能对整个家庭都有效的解决方案。当然，我们也可以通过离婚的方式来解决冲突。不过，因为孩子以及一起生活的过往，我当时想要积极地寻求其他方法来解决问题。我希望尊重他的处事方式。

在考虑和解决人际关系中的冲突时，重要的是评估这些问题在你的生活中的重要性。因为不是所有争吵都能解决，也不是每段关系都同样重要。但在大多数情况下，即使无法积极地解决问题，我们也都可以用一种中立的方式应对关系动态。在深入思考你在冲突中扮演的角色之前，可以先评估一下对方在你生活中的重要性。因为只有你知道自己有多在乎某段关系，或者你对一段关系的心理预期是什么。你的目标可能很简单，比如在探望母亲的两个小时内与她和睦相处，或者在每天轻松自在地度过上班时间。是否要解决问题，取决于一段关系本身，以及这段关系对你来说有多重要。

而一段关系对你来说有多重要，又取决于你与对方的关系。对于亲人或同事以及老板，你问的问题必然不同。同样，

01　认清你的角色

对于你的朋友或恋人，你会问的问题也不一样。

举个例子，如果你正在探索和恋人的关系，关于你们给彼此的感觉，你想问的问题可能包括：

- 我们彼此让对方感觉更好了吗？
- 我们彼此分享感受吗？
- 我们能接受真实的对方吗？
- 我们交流的时候互相尊重吗？
- 我们有共同的目标和价值观吗？
- 我们彼此信任吗？

如果你正在探索与同事或老板的关系，在结束每一段关系之前，你可能会思考：

- 这份工作对我来说有多重要？
- 我获得其他工作的机会有多大？
- 我在不同部门之间调动可行吗？
- 是否有一个中立方或人力资源部门可以帮忙调解？

如果你正在考虑你和朋友的关系，你可能会问自己：

与生命中重要的人好好相处　THE SECRET TO GETTING ALONG

- 他们的存在对我的生活有多重要的影响？比如，我是否和他们有生意往来？如果和这个人闹翻了，我是否需要考虑经济或法律上的问题？
- 我花了多少时间和他们在一起？
- 我们能让他们的自我感觉良好吗？我们能让他们变得更好吗？
- 在重要的事情上，我们对彼此坦诚吗？
- 他们是否属于一个更大的社会网络或群体，如果我和他们断绝关系，这个群体会被打乱吗？

归根结底，每一段关系都存在非常细微的差别，在毁掉一段重要的关系，或者在与那些并不值得在我们心里拥有一席之地的人深入交往之前，我们需要谨慎一些。

与他人的沟通方式决定着关系动态的结果。从某种程度上来说，无论某段关系的重要性是否显而易见，这段关系都有可能值得我们付出额外的努力。正如前面的问题所揭示的那样，即使你不关心某人，或者没有十分明显的维持关系的需要，有时候与对方和平相处也会有间接的好处。所以，稍后你将看到，你可以尝试用更好的方法维持一段关系。

例如，相比于就孩子们在你前任伴侣家里时应该多久吃一

01　认清你的角色

次糖果达成一致这件事,你和邻居对某些政治问题的看法是否一致,可能就显得没那么重要了。在评估特定关系动态的相对重要性时,我们需要考虑得更长远。**为每次互动设定一个清晰又简洁的目标,然后,基于目标行动**。换句话说,与其说一些宽泛的话,比如"我想和母亲好好相处",不如试着说"今天下午1点到3点,我会心情愉快地去陪伴母亲"。迈出第一步,进行小而具体的尝试,会更有可能实现大而持久的改变,并且这可能是唯一的途径。

虽然并不是所有关系都是平等的,但是对日常生活来说,平和感非常关键。当你在某段关系中感到不自在时,你的整体健康会受到非常不利的影响。[2] 无论是街上的陌生人,还是居高临下的老板或者让人失望的朋友,周围环境带给你的平和感如何,都会对你和自己的关系产生相应的影响。但在面对并处理太多问题以前,我们先花点时间看看自己是如何导致一段关系彻底破裂的,然后思考一下自己是否可以接纳除"全有或全无"(all-or-nothing thinking)之外与他人的联结方式。当你想要在一段关系中做出有意义的改变时,第一步便是了解你对这段关系的预期是什么。一旦你明确了自己的预期,就可以启动新的关系动态阶段。

YES方法并不能取代心理咨询师的角色,有时候心理治疗是解决问题的必要手段。当然,很可惜,有些关系是无法挽回的。如果你正处在一段危险的、遭受虐待的或者不稳定的关系中,那么除了从这段关系中抽身离开或者将其长期搁置,你别无选择。

冲突不是非黑即白

当我们陷入争论循环时,我们就会变得固执己见。我们会自欺欺人地认为,只要能按自己想的做,比如去度假,或者做自己渴望的事情,就会万事大吉。但实际上,冲突的解决并不是非黑即白的,最好的解决方案其实藏在灰色地带中。

为了解决人际冲突,你必须做下面这两件事:

- 弄清楚你在冲突中的角色。
- 明确冲突对关系目标的影响。

你要做的第一件事就是问自己是如何"促成"这场争论的。当你希望一段关系朝着更好的方向发展,并且在这个过程中能得到更好的体验时,你是否愿意付出更多努力?问问自己,为了让沟通的过程获得改善,你在哪些事情上可以做出不同的反

01　认清你的角色

应。我发现，当我尝试那些与自己的本能反应完全不同的回应或解决方案时，我的头脑会得到放松，从而有机会去引导一段关系朝着自己可能根本没有考虑过的方向发展，并促成不同的结果。

有时，经过反思，你可能会注意到其实自己更想表达"我没错"，而不是更关注争论的实际结果。如果是这样，你或许应该尝试对令人沮丧的问题或事情做出不同的回应。

作为私人调解机构中的调解员，我总是能听到对同一事实的两种看法。有一点让我感到特别有趣，即使是最针锋相对的双方来参加调解会，他们也都会恳切地说，自己只是想要获得"公平"，但客观公平并不存在，一切都只是立场问题。追寻客观公平就好比追寻彩虹尽头的那一罐金子，你以为自己可以取得完全的胜利，但实际上你永远走不到彩虹的尽头。不过，通过深刻理解不同视角的观点，我们可以对自己的想法、言语和行为做出有针对性的改变，从而获得一种意想不到的松弛感。

无论是在家里还是在工作中，或是在生活中的其他方面，分歧都很容易导致失控。这就引出了你要做的第二件事，那就是明确目标和期望。

与生命中重要的人好好相处　THE SECRET TO GETTING ALONG

　　我在调解前经常看到这样的情况：当我们陷入一场看似难以解决的争论时，会很容易使关系雪上加霜，而这只会使争论升级，令争论双方产生不满甚至痛苦的感觉。因此，我发现，从一开始就制定好具体的目标非常有帮助。有了具体目标，当事情偏离正轨时（这是不可避免的），我就可以引导当事人和他们的律师重新回到正轨，从而达成这些目标。

　　例如，在离婚时，双方经常会就平等地享有孩子的监护权问题进行协商，并表示他们都同意这样做。但是，当双方开始深入讨论具体的实施细节时，尤其是涉及年幼的孩子时，父母中的一方可能坚决要求获得更多陪伴时间，因为另一方没有足够认真对待孩子的安全问题。这时，我们没有选择陷入互相指责的辩论，而是选择回到一开始就确定的共同目标上。然后，对于"要求获得更多陪伴时间"这个需求背后的顾虑，双方更有可能通过共同采取相应的保障措施，比如约定孩子几点睡觉等方式来缓解。也就是说，其实只要迈出一小步，双方就都能重新回到平等地做父母这个共同目标上，并把对话引向积极的方向。

　　每当我卷入一场特别复杂的或者很有争议的离婚案件时，双方都会试图说服我。有时，还没等我坐到调解桌前，他们就已经开始竭尽全力地想要说服我，想让我相信错不在他们，全在对方。他们想让我相信是对方一手破坏了关系，对方的所作所为是冲突发生的唯一原因，然后让我在情感上站在他们那边。但是 25 年多的实践经验告诉我，解决问题需要客观中立的立场。与客户合作时，我的第一步非常直截了当，那就是让他们摆脱对"正确"的执念，然后想清楚他们真正想要从调解中获得的是什么。其实，这种做法也适用于在日常生活中与他人的互动。

不能改变他人的看法，但可以改变自己的方式

就像我的客户一样，你在生活中可能也会遇到一些有点麻烦或者非常难相处的人，有的时候是某个具体的人，有的时候是某件很棘手的事。在当今这个两极分化的世界中，你需要学会与生活中所有偏执的人和平共处，因为你的生活与他们的生活息息相关，而且需要意识到，从与你有冲突的那一方的角度来看，你或许才是问题所在，而这一点你可能根本就不知道。

《老友记》(*Friends*)热播的时候，那些与我约会的男人经常把我比作剧中自由自在的菲比或者很在意他人眼光的莫妮卡。当一类男性看到我相对古怪的"菲比"的一面时，他们并不开心。同样，当另一类男性发现我更为保守的"莫妮卡"的

一面时,他们也并不欣赏。当然,我认为自己是一个完整且多面的人。所以在面对这些极端的反应时,我感觉自己被误解了,但我没有做出防御性反应,而是开始对这个现象感到好奇。我逐渐意识到不同的人对我有什么样的看法,其实取决于他们更关注我的哪些特质,而有些情况下,他们高度关注的正是他们自己不喜欢的特质。换句话说,他人认为的你是什么样的其实取决于他们自己的关注点和个人看法,而不是完整的你究竟是什么样的。

如果你让与你关系最亲密的两个性格截然不同的朋友来形容你,很可能就会遇到和上面一样的情况。他们会列出你身上那些能引起他们共鸣的特质,而忽略其他特质。同样,如果让一个偶然与你相识的人来描述你,那个人可能会关注到你性格中甚至连你自己都没有意识到的那部分。也就是说,我们如何看待自己与别人如何看待我们其实并没有很大的关系。

不是每个人都能积极地看待我们,理解我们所做的事情。这没关系,因为意见不一致并不是问题所在,问题其实在于我们没有意识到,无论在生活中遇到什么样的冲突,我们都可以选择应对冲突时的思考、言语和行为。

我们是问题的一部分,这也并不意味着我们做错了什么,

01　认清你的角色

在一些关系中,纯粹地做自己可能就会引发冲突。比如,我们爱开玩笑或者过于严肃,对另一个人来说就是问题。再比如,我们的鲁莽或害羞,或者我们的思维方式、外表和走路方式就是问题所在。但无论是什么引发了冲突,在冲突中的反应和行为,尤其是如何看待自己在冲突中扮演的角色,才是帮助我们更成功地处理生活中的问题的关键。

当你审视生活中的冲突场景时,很重要的一点是要思考甚至列出你的哪些想法和反应可能会导致冲突。尽管你不愿意承认自己通常就是问题的一部分,但事实的确如此。除非放下"全是另一方的责任"这个信念,否则你无法有效地学习和实践 YES 方法。

清晰地认识到不同的人自然会对你有不同的看法这一点,会给你力量。通过了解你的行为对周围的人造成了哪些影响,既可以理解有些关系的发展本身就存在局限性,也可以通过做出改变让重要的关系顺利发展。

例如,你可能发现同事乔为人冷漠、态度也很消极,但后来你无意中听到另一位同事西尔维在谈论乔时,用了"鼓舞人心""吸引人"之类的形容词。要知道,你们俩都没疯,也都没撒谎。实际上,你们只是对乔有着不同的看法。可以想象一下，不同的人并不会用完全不同的方式看待乔，因此很可能是你们不同的个性影响了乔和你们的关系。也许乔知道你觉得他居高临下，并且他意识到你听他说话的时候感觉很累，于是决定干脆在你说话的时候保持沉默。当你认识到你看待事物的方式从客观上来讲并不是"真实的"，你就可以开始重新构建自己的看法，并因此做出不同的反应。如果你想理解为什么人们的行为方式会和你的不一样，有一个很好的建议就是，首先你要意识到是他们的看法影响了他们的行为，然后你要了解他们的看法如何塑造了他们的行为，以及他们对你的反应。

当我们开始探索别人如何看待这个世界时，就能开始真正理解别人如何看待我们，以及我们该如何更好地与持有不同世界观的人建立联系。

接下来，我们来看看各种具体的冲突情况，并发现自己是如何成为冲突的一部分的。

认真倾听他人的心声

有时，执着于自己的立场并因此得出了错误的结论时，就会造成大量不必要的混乱。在生活中的各个方面，有数百种方

01　认清你的角色

式会导致这种情况发生。我举一个简单的例子来说明。

记得有一年圣诞节,我告诉弟弟我想为我们两家的 5 个孩子做圣诞袜,还没等我说完,弟弟就轻蔑地表示他不认同所有形式的消费主义。接着我可能说了觉得他有点傻或者有点吝啬之类的话,并告诉他,他的话是一派胡言,然后我就转移了话题。通常情况下,我们每天都会说话。但我可以肯定,这次关于圣诞袜的谈话让我俩都有点恼火,因为我们都对对方的动机持有错误的看法。接下来的好多天,我们都没有打电话联系对方,直到一周后,我们中的一个人拿起了电话。这时,我和弟弟才终于花时间和精力了解了彼此的全部故事。在他心里,他以为我要让他承担"把每只圣诞袜都缝在一起"这项烦人的任务,但如果他让我把话说完,他就会明白我想说的是,无论由谁来负责把圣诞袜缝好,我只是希望让我们所有孩子能在圣诞节的早上聚在一起,这样他们就可以一起打开圣诞袜,一家人一起过圣诞节。也就是说,对我来说,往圣诞袜里塞什么东西比由谁来缝更值得讨论。

当我们因为对对方的推测和假设中断谈话时,也切断了任何有意义的双向交流的机会。在家里,我知道自己经常会在说话的人(通常是我先生)结束话题之前就开始下一个话题,我还没有仔细倾听,就可能会在他说出主要观点之前做出反应或者采取默认的态度。那接下来会发生什么呢？他会对我的行为做出反应，而他的反应也会让我生气。

最近发生在我以前的客户丽萨身上的事，听起来可能会令你感觉很熟悉。

丽萨是一位 50 多岁的女性，她觉得最近 Facebook 上激增的"凯伦"表情包①是在侮辱女性，于是她在 Facebook 上表达了自己的担忧以及被冒犯的感觉。[3]

不少朋友在她的评论区里展开了一场深思熟虑的讨论，直到她的老朋友兼同事达伦在留言中非常随意地对一位咄咄逼人的女性发表了侮辱性评论。

丽萨感觉自己被老朋友当众羞辱了。她删除了这条动态，觉得自己和达伦的友谊可能到此为止了。除了在 Facebook 上的交流，她再也没和达伦说过话，只是在工作时打个招呼。她不确定自己是否还要和达伦说话，她很伤心，也很愤怒，想不通他为什么要这么做。

---

① 对凯伦这个表情包的经典描述是，她是一个中年白人女性，是一个希望享受特权、无知的人，留着不对称的波波头，总是要求和经理对话。

01　认清你的角色

当你在读这个故事时，请试着留意一下自己的想法是什么。你觉得自己的观点对达伦来说苛刻吗？丽萨的做法对达伦来说苛刻吗？在网络互动的环境下，我们对冲突的忍耐度会更低一些，情绪也会更迅速地爆发。

要处理好家庭和工作中的人际关系已经很难了，要处理好网络上的冲突就更难了。因为网络上的互动存在物理上的屏障，我们无法像面对面交流甚至电话交谈那样获得丰富而细微的信息，这会让我们都成为糟糕的倾听者。[4]因为不能很好地倾听，我们也就没法成为更好的沟通者。在网络上，如果没有肢体语言、语气和语境的帮助，误解将更有可能发生。

万幸的是，丽萨和达伦都后退了一步，他们都没有火上浇油。如果丽萨和达伦都在对方面前表现了更激烈的情绪反应，这样的互动很可能会导致他们之间的关系彻底破裂。结果，对评论的一句回复可能会令对方爆发，破坏一段本可以持续一生的友谊。过了一段时间以后，他们进行了一次艰难但相互尊重又富有成效的对话。达伦为自己在评论中攻击他人的行为道了歉，而丽萨也承认，当她选择发布一些有争议的内容时，就需要做好心理准备去接受可能发生的争论。

与生命中重要的人好好相处　THE SECRET TO GETTING ALONG

和"敌人"也要保持亲密

如果你希望老师能给孩子留更多家庭作业，而孩子敬爱的老师却认为这会导致孩子焦虑，你会怎么办？如果岳母正在破坏你和伴侣在心理治疗中共同取得的进展，你会怎么办？对很多人来说，默认的反应是远离这种关系，和冲突保持距离。如果这也是你经常采取的方式，那么考虑一下，与其把那些和我们持不同观点的人排除在外，有时候正确的解决方案是让他们加入进来，更多地参与互动，增加他们对关系的投入，从而加强你们之间的联系。

让我们来看看约瑟夫的例子，他是我的离婚客户斯图和索菲的16岁儿子。约瑟夫最近被诊断患有注意缺陷多动障碍，他的儿科医生给他开了处方药。诊断结果出来以后，斯图和索菲一起去见了约瑟夫的治疗师露西。在他们的交谈中，露西向斯图和索菲表明，她认为某种药物比处方药更有助于约瑟夫的治疗。并且露西也解释道，除非她担心约瑟夫的生命安全，否则出于医患之间的保密协议，即使她知道约瑟夫在使用这种药物，也不能告知斯图和索菲。虽然露西的话让斯图和索菲有点犹豫，但他们并不担心约瑟夫真的会对这种药物成瘾。而且更重要的是，他们注意到，在露西进行了几次治疗以后，约瑟夫在学校和家里的表现都有了改善。

01　认清你的角色

三个月后，斯图在约瑟夫的抽屉里发现了一瓶从当地药房买来的这种药物。于是，他打电话给索菲。他们在讨论这一发现时，一致认为是露西鼓励约瑟夫使用这种成瘾类药物，所以他们考虑终止露西对约瑟夫的治疗。但是，他们在与露西见面之前给我打了电话，向我咨询这种做法是否妥当，以及是否有其他选择。在我的帮助下，他们意识到，与其把孩子信任的治疗师露西赶走，不如考虑让她加入进来。赶走露西很可能导致约瑟夫怨恨他们，或者拒绝和新的治疗师接触。此外，约瑟夫在治疗中取得的进展也可能会中断。

斯图和索菲又与露西见了一面，商讨了之后的治疗该怎么进行。在交谈中，他们了解到露西在之前的对话中只是表达了她的大致看法，也就是有时候某些药物比医生开的药物要好。听说约瑟夫在服用成瘾类药物，她也很吃惊。而且，她还澄清，自己从未打算让约瑟夫使用成瘾类药物来代替医生开的药物。最后，露西同意在之后的治疗中不让约瑟夫使用成瘾类药物。正因为斯图和索菲选择让露西加入进来，他们才能成功地解决约瑟夫的药物成瘾问题，也才能继续保持有效的医患关系。

在处理私人关系或职场人际关系中的冲突时，如果本能地把对方拒之门外，我们可能就会失去一些重要的东西。当你发现自己处在类似的情况下，并且你的本能反应也是逃避时，那么，更好的方法是安排一次会议或者与对方进行一次富有成效的对话，尝试达成和解。如果你依然对对方怀有愤世嫉俗的观点，就可以这么想：**和朋友保持亲密，并且和想象中的敌人也保持亲密，你会更有可能改变自己所在的世界**。通过让他们加入对话，你会更有可能得到和平的结果。

你的生活可能和我的生活一样，需要处理家庭中、工作中、网上、家族里和社交圈中各种各样的人际关系。YES方法的第一步便是明确自己也是问题的一部分，以及明确想要达成什么样的关系目标，只有这样，我们才能决定如何推动双方的关系向前发展。

一定要记得，无论你在生活中遇到的是什么类型的冲突，除非你能在冲突中完全掌控自己的角色，否则便无法获得YES方法的力量。

相处的秘密 THE SECRET TO GETTING ALONG

希拉里和西蒙虽然一直是好朋友，但她们的性格截然不同。这么多年以来，她们一起塑造了一套其实并不适合她们的互动方式。最终，她们因为各自的风格和交流上的冲突导致了友谊的破裂。如果她俩都能后退一步，也都能思考一下自己如何造成或加剧了冲突，两人的友谊不仅有可能幸存，还有可能茁壮成长。

01　认清你的角色

THE SECRET TO GETTING ALONG
相处练习

D.E.A.R. 练习，认清你在冲突中的角色

当我们感到自己正在被倾听时，就会卸下防御的盔甲，这让我们能够更容易地看到自己在冲突中扮演的角色。前文深入探讨了人们可能有意或无意地使用的有问题的互动方式。

从这个自我反省的 D.E.A.R. 练习开始，我会帮助你更清晰地看到这个过程。整个练习大约需要 15 分钟。

练习时，你需要找一个安静的地方，准备一张纸（或一本日记本）和一支笔，确保你可以独立思考。在纸上画一个 4 列的表格。

接下来，按顺序将"互动"（Dynamic）、"情绪"（Emotions）、"行动 / 反应"（Actions/Reactions）和"复盘"（Revisit）填写在表格中。

然后，选择一段你想改善的关系。为了防止你在某一列中停留太长时间，我在每个部分都限定了供你填写的时间。

互动，什么在困扰你

用 3 分钟写下这段关系中困扰你的地方，要专注于描写这段关系让你不开心的方面，可能包括下面这些：

- 他人的行为或言语。

- 他人做事或说话的方式。
- 反复出现的争论。
- 行为或习惯模式。

你可以写他们做过的任何事、说过的任何话，或者让你生气的任何原因。

情绪，关注自己的感受

再花 3 分钟写下你的感受。这一次，回想一下你列出的每种互动唤起的情绪。记得要始终关注自己的感受，而不是指责对方。当你完成后，在继续下一步之前，花 1 分钟暂停一下。

行为 / 反应，向内探索

在接下来的 3 分钟里，写下你面对这些困难时的行为和反应。从这一步开始，你已经真正开始向内探索了。在此过程中，要专注于你在遇到让你心烦意乱的互动时或互动后所做的事情。如果你记不清了，可以试着问自己下面这些问题：

- 我会变得有戒心吗？
- 我会感到焦躁不安吗？
- 别人说话的时候我会看手机吗？
- 我的面部表情会让冲突升级吗？
- 我会反驳或否定对方的观点吗？
- 我会急于下结论吗？

01　认清你的角色

- 我会提起过去已经解决的问题吗?
- 我有没有引入其他无关的冲突?
- 我的声音会提高吗?我会变得张牙舞爪吗?
- 我的回应带有讽刺或恶意吗?
- 我会在心里预演自己的回应而不是倾听对方的回答吗?

是什么互动在困扰着你?把它们写下来,写下你的感受。和写"情绪"列时一样,不要指责对方。在面对困难的互动时,思考你的行为和反应。

当你完成这一列,花 2 分钟回想一下对方在这些互动中的表现。如果你愿意,可以把它们也写下来,但要记得,写下这些的目的是帮助你回忆和思考你的行为如何影响了对方的表现。

复盘,替换原有的行为和反应

在最后 3 分钟里,写下你认为为了做出一个积极、中性或者不那么消极的反应,自己可以在行为和反应上做出的改变,用它们替换原有的行为和反应。

这些改变可大可小,随你心意。要记得,无论你列出了什么改变,都不意味着这就是你的下一步行动。这一步的目的是简单地探索那些你之前可能没有考虑过的方式,尤其是在你情绪激动时忽略的那些方式。

如果这是你的第一次尝试,选择一段不那么私人的关系可能会更容易,比如选择一个和你不太亲密的同事或朋友之间的关系。有时，当我们对另一个人或某种情况投入了太多感情时，就很难做到客观评价。[5] 所以，拿一段你没有投入太多情感的关系做练习，这是在继续投入之前先试一试的好办法。

———————————————— THE SECRET TO GETTING ALONG

这个练习最好在你冷静的时候进行。因为，当你回忆或回顾自己的反应时，平静的大脑可以让你变得更加客观。[6] 不过接下来，你也会在之后的章节中学到，在激烈的谈话过程中，你同样可以用暂停的间隙尝试这个练习。

在处理困难的互动时，通过改变你的行为和反应，考虑采取其他行为和反应，你可以做出积极、中性或者不那么消极的行为和反应。

此外，虽然这个练习可能看起来会有点傻，但它能激发创造力。在互动中掌控自己的角色，就有可能创造更好的结果。

02

驾驭你的习惯

南希是一位有魅力又成功的母亲，有两个孩子，但是她总觉得自己被排除在朋友的社交计划之外。她受邀参加的婚礼屈指可数，而她也为那些社交活动没邀请自己感到痛苦。她不知道自己究竟哪里做得不好。这么多年以来，南希一直在努力介绍朋友们互相认识，在她看来，自己明明是一个很棒的朋友。

更令她沮丧的是，她将新老朋友介绍给彼此后，她们相处得很融洽。南希有好多次都没有参加她们的聚会，只为她们能更好地相处。但南希很快发现了不对劲，有一次，经她介绍认识的人一起结伴旅行，却没有邀请她。

南希不明白为什么这样的事会发生在自己身上，她觉得自己不应该被这样抛弃。她想不通自己究竟做错了什么，也想不通为什么没有人重视与她的友谊。

当然，这有可能是因为她的运气不好，或者是她选朋友的眼光不好。但是，这些朋友中的许多人维持了长久且亲密的友谊，所以，也许并不是这些朋友不好，而是另有隐情。在友情方面，南希觉得自己是受害者。在工作中，她觉得自己也是受害者。因为她一直没有获得晋升机会，也很少被选为公司中重要委员会的成员。每当谈到人际关系，南希总是感到被误解、被欺骗。

我们对某人或某事的态度和看法在很大程度上决定了我们会如何思考、感受和行动。 日积月累，人们不断地接受周围世界中人和事带来的各种刺激，从而不断形成观点，进行评估，影响我们的习惯性思维并最终形成态度。态度可以是积极的、消极的或中立的。世界会根据我们的态度给予反馈。反过来，态度和看法又会影响行为和反应。所以，关注人们的所思所想和关注他们的行为一样重要，这一点既适用于我们如何看待自己，也适用于如何看待与他人的关系。

无论是我们与自己对话的方式，还是与他人互动的方式，比如突然挂断电话、锻炼，或者坚持饮食计划，都是由日常的习惯行为决定的。人们一天当中的所有行为中，有近40%都不是深思熟虑的结果，而是习惯的结果。[1] 要改变习惯，需要我们付出有意识的持续努力。而意志力，或者说自我驱动的神经可塑性，正是我们实现改变的关键。所以，我们不断地做许多事情仅仅是因为我们在不断地练习。

南希的态度其实注定了她会受到"低人一等"的对待，她一直在向外界传递不安全感和软弱无力感。只要她还保持着这种态度，生活就不会发生任何改变。但令人惊喜的是，她在中年时终于意识到自己花了太多时间生活在自我贬低和自我限制之中，于是决定改变这种状态。在专业人士的指导下，她养成了不断自我暗示自己已经足够好，自己值得更多尊重、爱和崇拜的习惯。虽然一开始这样做感觉很不真实，但是她依然对外界怀有更多期望，所以坚持了下来。她开始向外界传递更强大、更自信的能量。在南希40岁的时候，她重新与老朋友们取得了联系，也和没接触过的同事们成了朋友。在这个过程中，她的感觉也变得更好了。不到一年时间，那些曾经和她近乎绝交的老朋友开始邀请她加入他们的冒险之旅。并且，她在工作中也取得了更大的成功，赢得了同事的尊重，这份尊重恰好也是她关于生活的新态度所需要的。

后来，南希的退休岁月一直有所爱之人的陪伴。通过改变自己应该被他人如何对待的习惯性想法或态度，她发现自己生活中和工作中的冲突都减少了，并且，她开始在私人社交领域和工作中取得越来越多的成功。换句话说，在她改变了自己对外界习惯性的思维模式和心态之后，整个人生都发生了积极的变化。你也要相信，小小的改变最终会在你周围的世界中引发巨大的改变，你需要"假装"成功，直到你"真正"成功。

当思维僵化时，放松你的大脑

第 1 章明确了你在冲突互动中的角色（积极的或消极的，有意识的或无意识的），以及你想要在一段关系中得到什么。要想改变想法、言语和行为，你必须接纳一种范式上的转变，也就是你看待这个世界并与之互动的方式上的改变。我有一个在法学院学习时的朋友，他曾说："当思维僵化时，你要'放松大脑'。"虽然距离我们一起学习已经过去了 20 多年，但每当我或者我不认同的人需要一些思维上的灵活性时，我就会想起这句话。只要有意识地去改变，我们就可以重新调整自己的思维模式。

反复用同一种行为或思维模式回应引起特定情绪反应的事件，就是在加强环境与我们的行为或想法间的联系。为了真正做出巨大且持久的改变，我们必须在日常行为中做出许多微小的转变，这是因为行为是所有有意识和无意识习惯的综合结果。

习惯的根深蒂固程度远超我们想象，它们不仅仅体现在铺床、使用牙线和洗手等方面。想到"坏习惯"，你的脑海中可能会浮现一些具体的事情，比如忘记关灯，乱放东西，或者听从伴侣的错误建议安装了洗碗机，但习惯其实还会延伸到思维层面，尤其会影响我们如何感知和解释周围世界。专家发现，这些感知习惯在我们的脑海中根深蒂固，它们会塑造我们的生活结构，以及解读周围世界的方式。[2] 同习惯一样，这些无意识的行为既能对人生产生积极影响，又能造成破坏。虽然人的天性很难彻底改变，但长期养成的习惯是可以彻底改变的。

3 个步骤，改变你的习惯性思维

通过以下 3 个步骤，你就有机会改变自己的习惯性思维：

- 步骤 1：注意到你的想法和行为。
- 步骤 2：思考想法和行为产生的结果或者它们对应的人际关系目标。
- 步骤 3：如果你在乎，那就改变你的想法或行为。

为了坚定而持久地改变习惯，需要先调整习惯性思维和行为模式。第 1 章已经讨论了前两个步骤。

步骤1强调了觉察想法和行为的重要性。要注意的是，要认识到，只有当我们意识到并且选择为自己的那部分冲突——无论是内部冲突还是外部冲突负责时，才有可能认清情况并寻求其他解决方案。当你感到自己陷入了冲突时，要问问自己在这场冲突中扮演了什么角色。

步骤2要求我们反思是否对自己的想法和行为产生的结果感到满意。我们的思考和行动能带来内心的平静吗？我们采取的这些方式在特定的情境下能满足我们对一段关系的期待，符合我们的价值观吗？如果答案都是肯定的，那就不需要做出任何改变。但是，如果我们意识到正是由于自己的想法和行为让生活偏离了轨道，就要用能实现预期结果的想法和行为代替之前的想法和行为了。

本章我们主要讨论步骤3。为了发展有助于你积极达成目标的新途径和习惯，步骤3要求你用更有成效的想法或行为来替代没有为目标服务的想法或行为。

举个例子，如果要改变经常咬指甲的行为，你可以在想咬指甲时用手去做其他事情。比如当你产生了咬指甲的冲动时，可以立刻将双手十指交叉。同样，**如果你想改变习惯性思维模式，就需要用新的思维模式来替代它们。**

02　驾驭你的习惯

虽然你可能更想改变周围人的行为和习惯,但真正能做的只有改变自己的反应。你要达成的目标是,当周围的人做出令你讨厌的行为时,你要通过调整自己的想法、言语和行为来改变反应。举个例子,当你的丈夫在心不在焉的状态下给你的汽油车加满了柴油,导致车被拖走,并使你不得不支付几百美元的相关费用时,与其对他大发雷霆,不如静下心想一想,当他意识到自己犯了这样一个愚蠢的错误时,他的内心会有怎样的感受。

你还可以设想一下,如果同事每次都能够在会议上与你平心静气地讨论,而不是猛烈地抨击你,你是不是会更有自信?在这个基础上逐渐改变自己的反应并时刻牢记,你的目标是改变自己的反应,而不是改变其他人的行为。当然,如果你足够有智慧,或许可以同时做到这两点。

如果不知道自己的习惯是如何影响结果的,那么改变人际关系就会变得异常困难。即使与他人相处得不错,情况仍然如此。在和别人争吵时,我们要试着留意自己在争吵中表现出的大大小小的习惯,这对我们来说其实都很有挑战性。冲突会在脑海里激起不安的感觉,带来噪声,而这些都会影响判断,导致我们掉进情绪化的陷阱,从而让一切变得更加混乱。此时,让大脑平静下来才能将我们从混乱和冲突的旋涡中解救出来。

与生命中重要的人好好相处　THE SECRET TO GETTING ALONG

好的习惯养成需要练习

我们日常的做事方式其实很重要，因为熟能生巧。我也试着将这个智慧传递给我那几个十几岁的儿子，告诉他们反复练习是所有习惯的基础。我们越是经常用某种方式做同一件事，这件事做起来就会变得越来越容易或者越来越不需要过多思考。熟能生巧，通过反复练习，表现会越来越好。要注意的是，练习的过程非常重要，因为这个过程就是在训练大脑用一种特定的方式来处理事情。

越是经常用一种错误的方式做事，这种错误的行为就会变得越来越自然而然。有一次，我安排了两个朋友在纽约约会。其中一位叫约翰，他这个人有时候有点滑稽。他毕业于常春藤联盟学校，是一位医生，他的父母也都是专业人士。我的女性朋友凯特琳是一位银行家。他们的约会地点定在了曼哈顿的一家高档小酒馆。约会以后，他们都向我反馈了约会情况。约翰告诉我，虽然他和凯特琳之间没有擦出火花，但他们相处得很愉快。凯特琳对约翰的第一印象也不错，但她告诉我，约翰在吃完饭以后拿起盘子舔了舔。那一刻，我简直不敢相信自己的耳朵。后来，当我和约翰聊天时，我责怪他不该有这样糟糕的表现。他听完以后难以置信地大笑起来，他说他母亲总是因为他的这个行为批评他，而他也没意识到自己竟然会在大庭广众之下做出舔盘子这种事。这么多年以来，他一直在家里随意用舌头舔盘子里的东西吃，结果习惯成自然，他竟然在一家高级餐厅里做了同样的事。这个行为自然到他根本意识不到的程度，真可谓积习难改。

同样的事情也会发生在我们与他人的相处中。如果你因为没有按时完成任务而在工作中遇到了麻烦，就试着找出妨碍你按时完成任务的行为。与其期待下一次有更好的结果，不如选择一件小事并立刻做出改变，然后坚持下去。如果你发现自己因为观点不同而与关系不错的同事陷入了毫无意义的争吵，那就避免此类对话，转而讨论一些不那么有争议的话题。与其对彼此感到生气和恼怒，不如试着发现你们对烹饪或者运动的共同爱好。总之，约束自己跳出这些毫无意义的争论循环，然后，尽可能地谈论一些令人愉快的话题。记得要每天都这么做，随着时间的积累，你参与这种无意义的辩论的冲动就会不那么强烈。

保持内心的平静，做更理智的选择

内心的平静是一种让想法不再占据或吸引你的注意力的状态。[3]这是一种内在的力量，能让你获得平静。当那些令人不安的想法或活动逐渐平息时，你就有了可以将不和谐的一切转化为和谐状态的空间。**当你的情绪像风暴一样在内心掀起波澜时，保持内心平静的秘诀就是注意你在心烦意乱那一刻的感受。**只有当内心平静时，你才能专注于重要的问题，理智地解决冲突。

那要怎样注意心烦意乱时的感受呢？你需要觉察自己的身体里正在发生什么，然后让它们慢下来。虽然很难，但你我都可以做到。这样做可以快速改善当前的局面，让你注意到自己的哪些反应会使局面变得更糟。**有一个让你的大脑安静下来的好方法，那就是找个地方坐下来，轻轻地闭上眼睛，做 10 次深呼吸，同时默念一句简单且能让你平静下来的积极话语。**

每当我感觉自己大脑混乱、反应迟钝时，就会找个地方坐下来，闭上眼睛，缓慢地呼吸 10 次。每一次呼吸我都会告诉自己："我感到海阔天空般的平静。"我知道这个练习并不能让你完全变成另一个人，但是，它能帮助改善大脑混乱的局面，用一种简单、积极的陈述去替代当下的混乱。这会提升你应对冲突的能力，让大脑平静下来，从不同的角度去观察正在发生的事情。在本书中，我将介绍各种各样的冥想技巧。冥想对处理冲突非常有帮助，如果这个技巧对你没有用，你可以试试其他技巧。

02 驾驭你的习惯

假如"我感到海阔天空般的平静"这句话对你不起作用,那你就找一句更适合自己的话默念。虽然默念的过程不会全然改变你的个性或者你对周围发生的事情的整体反应,但是它能给你创造心理空间,让你做出更好的选择和更有意义的回应。当思绪平静下来时,你就为获得更好的结果和更深刻的理解创造了机会。

保持外界的平静,改变沟通方式

每个人都有着不同的感受力,不可能处处令他人满意。为了更好地与他人相处,你也没必要彻底改变思维方式。我们可能并不想改变对某件事的全局视角并且认为自己对待他人的态度没有任何问题。此时,你可以在观点和想法保持不变的情况下将它们清晰地表达出来,只要你改变沟通方式,哪怕只做出微小的改变,就能使你的人际关系状态变得大不相同。

卡尔认为自己是一个自由主义者。他36岁,是一名专业人士。但他的哥哥格雷格完全不认同他所有的政治态度,无论是关于社会的还是关于经济的,都不认同。这对兄弟相差3岁,由他们的单身母亲抚养长大。卡尔小时候一直很尊敬格雷格,尽管长大后他们变成了个性非常不同的人,但两人一直有

与生命中重要的人好好相处　THE SECRET TO GETTING ALONG

着紧密的联系。

格雷格一家每年都会去卡尔家过几次周末,卡尔和他的家人也很期待这类周末聚会。但是有一次,格雷格一家刚到不久,卡尔一家就想让他们赶紧离开。格雷格觉得,作为卡尔的哥哥,他有责任让卡尔意识到自己思维方式上的错误。于是,他当着孩子的面,与卡尔展开了一场令人不安的政治辩论。当卡尔非常坚持自己的观点时,格雷格就会反击,甚至会辱骂卡尔。虽然卡尔已经习惯了他哥哥的这种行事风格,但对餐桌上的其他人来说,这无疑是一种令人非常不舒服的体验。然而格雷格完全没有意识到他造成的不适,尽管他的妻子斯蒂芬妮和弟弟卡尔都已经请求他停止争吵,但格雷格依然我行我素。此后,卡尔一家对格雷格一家的聚餐邀请不再那么热情了。当格雷格一家到访时,卡尔一家更希望格雷格一家去住酒店而不是住在自己家里。

这让格雷格又受伤又困惑,他不知道问题出在哪里。格雷格一直以来都习惯告诉弟弟该怎么思考,但这一次,他必须思考该怎样做才能让弟弟留在他的生活中。

经过一番思索,格雷格意识到,为了和卡尔保持良好的关系,他其实并不需要改变任何政治态度,真正需要改变的是自己对餐桌谈话的态度，也就是弄清楚什么才是一场好的餐桌谈话。他需要彻底摈弃那些没人想听的公开的政治辩论，对谈话内容的范围进行限定不仅能改变餐桌谈话的话题，也能让就餐气氛变得轻松起来。

这场家庭危机也给了格雷格和斯蒂芬妮交流的契机，斯蒂芬妮表示自己也不喜欢有争议的餐桌谈话。尽管格雷格对妻子和弟弟的反应感到不安和受伤，但他知道自己非常在意这两段关系，于是，他列出了他可以在晚餐时谈论的其他话题，并且每天在家练习。他还打电话给卡尔，为自己曾引起那么多不愉快而道歉。后来，当他们再次聚在一起时，餐桌谈话的氛围变得愉快起来，这也提高了在场所有人的相处质量。也就是说，一个微小且具体的改变，就能渐渐让一切变得不同。

不做，也是一种力量

茜茜以前去的健身房在疫情期间关闭了一年，她感觉自己的身材都走样了。一直以来，她都靠参加健身课来保持身材，而这个选择现在已经不存在了。于是她决定每天步行两次，每次半小时。一开始，这很难坚持，但通过每天的不懈努力，她养成了散步的习惯。坚持了几周以后，她每天不散步1 600米就会觉得不舒服。坚持锻炼的信念让她养成了一个新的习惯，通过改变自己的行为方式达成了目标。

还有一种力量尽管很少被提及，但它与信念的力量同样重要，那就是"不做"。你可以决定不做某件事，而不是承诺继续采取某种特定的行为。

让我们回顾一下卡尔和格雷格的故事。在很长一段时间里，格雷格都拒绝改变自己在晚餐的餐桌上谈论有争议的话题的习惯，他告诉自己和他人："我就是这样的人。"但事实上，他的这种习惯是可以改变的。改变这个习惯并不需要格雷格改变自己的政治观点或个性，他只需要意识到什么才是好的餐桌谈话主题就可以了。在这种情况下，格雷格的做法体现了信念的另一面，即"不做"的力量。**"不做"的力量来自对不做某件事的承诺，也就是避免采取那些对我们无益的行为。**我们可以简单地决定要不要对某件会引起情绪反应的事做出反应。记住那些我们决定要做或不要做的反应，就可以在每次情绪被触发的时候做出简单的改变。

要注意的是，格雷格并不是决定就此放弃谈论政治话题，而是为了更好地与他人相处选择在餐桌上谈论其他话题，他还列出了一系列可供选择的话题。有时，用一种积极的行为代替原来的行为比直接放弃一种消极的行为更加容易。比如，有人试图不去想某件事，结果这件事却在你的脑海中挥之不去。

采取一种全新的生活方式无疑是一项挑战，尤其是当你试图改变那些在童年时期就已经根深蒂固的习惯时，就难上加难。如果你在充满辱骂的家庭环境中成长，你可能会不自觉地继承了这样的陋习：比如经常对自己的儿子说"你跑起来就像个女孩子"，或者在愤怒时条件反射般地用粗俗的语言对他人大喊大叫。面对这种情况，你或许已经意识到这些言语是不当的，但它们却已成为你日常交流的一部分。当你反思这一问题时，可能会本能地产生抵触情绪，甚至反驳："你不要再说了。"如果最坏的情况发生，比如因为言语不当而被解雇或失去亲人的尊重，而你对此并不在意，那么你可能会继续使用这种草率且无理的表达方式，打断对话或疏远他人。

然而，如果你内心深处认为那些脱口而出的侮辱和谩骂并不符合你核心的价值观，那么，这正是你该做出改变的时刻。放弃那些虚张声势的旧习惯，认识到这些冒犯性的语言实际上毫无意义，并开始采取行动。记住，即使是老狗，有时也能学会新把戏。试着运用"不做"的力量，寻找一种不那么冒犯且更有意义的表达方式，来表达你对某个人或某种情况的不满。

当你感到沮丧时，不要说一些贬损的话，或许可以用一个含蓄的微笑甚至是有意的沉默来替代。尤其是对那些已经习惯你平时那种傲慢的沟通方式的人来说，你选择沉默本身也是一种强有力的回应。

做出一点小改变，养成新的习惯

我们经常倾向于回到旧习惯中，因为它们在我们的潜意识里根深蒂固。当想要接受新事物时，我们就会感觉自己正在和惯性作斗争。这就是为什么迈出一小步非常重要，即注意、反思并重新调整你的习惯。然后，**在生活里可能会引起冲突的各个方面，通过改变一个小的习惯，你就能养成新的习惯**。这会改变你的感受以及你和他人的互动方式。一旦你注意到自己像本能反应一样的习惯性行为对你的幸福造成了怎样的影响，就可以采取新的方式继续前行。

举个例子，我们来看看当你发现丈夫做了一些你不喜欢的事情时你的反应，比如他在如厕后忘记把马桶圈放下来，或者忘了锁家门。当他这么做的时候，你可能会习惯性地跟自己说他怎么那么不体贴或者怎么那么不为你考虑。而事实上，这可能只是由于他健忘或者因为其他事而分心。所以，相比于怒不

02　驾驭你的习惯

可遏、稍显沮丧或许是一个更加合理的反应。认识或注意到你对冲突习惯性的思考方式，可以让你重新校准人际关系，并重新制定互动的游戏规则从而减少冲突。当你注意到了自己的思考习惯，那你就有能力去改变习惯性的沟通方式。你可以将让你恼怒的行为（或没有任何反应）看作意外，即使它们不是意外，这么做也可以防止未来出现更多冲突。

好消息是，只要在想法和行为上做出小小的改变，就能改变习惯，并对人际关系产生积极的影响。通过改变行为、反应和回应，我们也能进一步影响周围的人和环境。第一步要做的就是，留意你的想法和相应的行为。当你意识到一种习惯对自己无益时，就去改变它。习惯是随着时间的积累自动形成的想法和行为，虽然它们很难打破，但并非牢不可破。

一旦你意识到了自己的坏习惯，就有能力去改变它们。想象一下，你可以如何更好地应对下面这种情况，然后做出一个小小的改变。例如，在前面的例子中，如果发现你和丈夫一直处于一种恼怒的循环中，你可以通过在某一次循环中改变其中一个元素来改善你们的关系。你可以这样做：

- 意识到这种本能反应般的习惯对你没有好处，比如下一次看见你的伴侣做出你不乐于见到的行为时，你依

与生命中重要的人好好相处　THE SECRET TO GETTING ALONG

然很生气并对他大发脾气。
- 描述你想要做出的反应，比如你想变得冷静或者不做反应。
- 重新调整你的反应。

例如，与其对他大发雷霆，然后用一些惩罚性行为进行报复，不如简单地反复检查你对这种行为产生的情绪反应，以及对方的这些行为对你来说有多难以忍受。

为了做到这一点，你需要先静下心来，然后改变自己对一些行为的思考习惯，最终改变行为反应。如果你的目标是与对方更好地相处，那就考虑一下重新审视自己的观点。与其任由情绪反应引发争吵，不如通过改变思考习惯来改变你的情绪和行为反应。你或许可以找到一种更温和的方式得到自己想要的结果，通过改变沟通方式或行为习惯让他也允许你做一些令他介意的事。他如果没有在如厕后放下马桶盖，你就在离开房间时把灯关了。当关灯的行为持续几周后，再温和地提醒他在如厕后放下马桶盖。或者，你可以不必等上几周就温和地提醒他放下马桶盖，因为你可能会觉得没必要为这种事争论，于是问题就解决了。这个练习的目的是证明其实你可以冷静下来并列出对目前的情况来说最适合的备选方案。

02　驾驭你的习惯

改变根深蒂固的习惯听起来可能并不现实，但本章的行动建议将帮助你实现这一目标。最重要的是，你要记得这一切需要循序渐进。每次只改变一点点，在你能够从外部观察到发生了大的转变之前，你需要在心里消化很多东西，因为只有这样才能获得真正重要的内心的重大转变。记住，**只有改变自己的反应才能调整习惯，试图控制他人的行为无法解决问题**。

让决心变得具体且明确

在结束关于习惯这个话题前，我还想强调的是，为了让习惯的改变能够持久，需要明确命名新目标。一个模糊的意图很难真正实现目标。

举个例子，多年以来我注意到，相比于其他时候，每年的一月份更难在健身房附近找到一个停车位。罪魁祸首就是新年决心，即人们想要减肥或者塑形的新年决心。一时间我对那些去健身房的新人感到很恼火，但当我想到几周以后我就可以重新方便地停车时，我的怒火就平息了，这是因为大约 80% 的新年决心都会失败。[4] 新年决心的问题在于，它们通常都需要广泛而全面的行为改变，而人们并没有为此做好充分的基础性准备。决心"减肥"或"塑形"需要的毅力比大多数人认为的多得多，而且这些都不是很明确的目标。我们真正需要的是意识的彻底转变，也可以说是一夜之间彻底转变。

虽然新年决心可能会持续几周，但它们不太可能经得住时间的考验。因为，要坚持在很长一段时间内大幅度脱离自己的舒适区几乎是不可能的。用不了多久，停在健身房附近的那些车就会在每天早上整齐地重新回到车库，而我找停车位又会变得很容易。

当一个人的新年决心只是"希望成为一个不同的人"这种空泛的目标时（比如希望自己更快乐、更健康、更强壮、更富有），失败是不可避免的。如果你没有一个明确且具体的目标，那么达成的结果往往就会很偶然。虽然没有明确的目标可能会让你觉得更容易坚持，但这样的目标即使实现了，你可能也不会感觉不满意。[5] 明确你想要做出的改变或者想要实现的目标，才能真正地达成目标。当为自己设定模棱两可的标准时，你就会让自己走上一条不会取得太大成就的道路。如果没有一个明确的目标，我们对任何想要实现的目标的那些承诺也会不断发生改变。如果你要求自己做出一个具体的改变，就更容易信守做出改变的承诺。随着时间的推移，我们不会再将这种具体的行为改变看作一项任务或是一件苦差事，哪怕一开始是这样，它也会变成一种自然而然的行为或者一种习惯。

02　驾驭你的习惯

　　成功的秘诀就是让决心变得具体且明确。 与其给自己制定"减肥"或"定期锻炼"等空泛的目标，不如做出一些更具体的承诺。比如，"每周吃甜品不超过两次"或者"每天至少步行半小时"，这样的决心更有可能产生持久的行为改变。不一样的是，你并没有要求自己完全放弃自己的身份，相反，你一次只做出一个明确的改变。一旦这个新的行为成为习惯，你就可以增加第二个小目标，接着是第三个，以此类推。随着时间的推移，你就会实现"拥有健康"的整体愿景。

　　在我的职业生涯中，我花了很多年和自己争论怎么做才能让调解业务更好地运转。我知道，如果带领一个团队去完成任务，将会更有效率。但是，每当我想到招聘和培训一个团队（"成为一名经理"这样的非具体目标）时，我就会感到不知所措，所以在很长一段时间里我什么都没做。有一天，我突然想到，这个团队其实不需要一下子就组建起来，可以从雇用一个兼职员工开始，慢慢组建一个团队。

　　这种信念上的飞跃一开始看起来有点可怕，但事实证明，这是我花过的最值得的一笔钱。起初，我对自己能否有效地委派任务感到怀疑。毕竟，这么多年来，我一直独自处理所有事务，因此我不确定是否能信任他人来代替我完成任务。但在一个创纪录的极短时间范围内，我完成了从雇用一名兼职助理到

与生命中重要的人好好相处　THE SECRET TO GETTING ALONG

组建一个小型、可靠、值得信赖的团队的壮举。我把此前的工作分配给了团队成员,因此将业务水平提升到了一个新高度。这段经历证明,通过对某些因素做出特定的改变,我们有能力去强而有力地改变自己的感受。

相处的秘密

让我们回想一下希拉里和西蒙创办沙龙的故事。希拉里知道自己是一个习惯取悦他人的人,但她从来没想过,从微观层面上来说,这也意味着她有本能反应般对他人表达认同的习惯,但其实有时候并非真的认同对方的观点。她只是一心希望别人开心,却没有考虑这会对自己和西蒙的关系以及对周围世界的看法产生的长期影响。虽然希拉里很不愿承认这一点,但她终于意识到,不断取悦别人会让自己在与他人的关系中始终处于弱势。如果希拉里意识到自己有这个习惯,那就可以和西蒙开诚布公,她们的这段关系也就可以变得更加坦诚,也能维持得更久。此外,为了养成一种新的行为模式,希拉里迈出了小小的一步:每当她觉得自己想说"好的"时,都会用"让我想想"或者"我不确定这对我是否有用"来代替。

这种小小的改变既适用于改善我们与他人的关系,又适用于改善我们与自己的关系。有些冲突纯粹是内心的冲突,是我们在跟自己争论怎样才能让生活更美好、更平静或者更刺激。我们批评自己的失败，每时每刻都在质疑自己。其他冲突可能是与他人之间的冲突。

然而，我们总是有能力塑造自己的反应，使它们不那么有对抗性。诀窍在于使用新的思维方式，并对自己的所有想法做出反应。一旦你认识到自己如何在生活中造成了冲突，就可以让自己安静或平静下来，而不是产生激烈的情绪反应，然后采取必要的步骤进一步实现能成为习惯的持久改变。

允许自己一次只解决一件事

要改变我们在人际关系中的习惯性态度，过程通常是复杂且多维度的。如果你现在所处的情况让你不知所措，就要允许自己一次只解决一个问题。

我和米奇过去经常争论要不要坚持让孩子学习乐器。当我们的大儿子刚开始学习小提琴时，米奇不明白我们为什么每天都要陪孩子练习。他认为这种练习是强加在原本就已经很忙碌的生活上的一种负担，于是，我和米奇在孩子练习小提琴这件事上经常发生冲突。

更糟糕的是，在接下来的几个月甚至一年的时间里，除了练习《小星星》（*Twinkle Twinkle little Star*）的各种变奏曲，我们每天都在让孩子练习小拇指和拇指的摆放位置。另一位小提琴老师可能会允许他在没掌握指法的情况下就快速演奏乐曲，但我大儿子的小提琴老师艾米丽不会。毫无疑问，艾米丽是公认的好老师，她对学生要求严格。一开始，她特别专注于培养孩子的一种持久的习惯，这种习惯培养会在未来几年内一直持续下去。

我希望艾米丽能放松一些，多教一些曲子。我还想让米奇也承担一半的陪练任务，然而，他并不想参与其中。我对整件事感到非常沮丧，并开始在脑海里想象灾难的发生。但后来我意识到，我没法改变艾米丽或米奇。

我决定改变我对艾米丽的要求以及对米奇不愿参与陪孩子练习小提琴这件事的态度。为此，我需要培养新的习惯。首先，我需要放下自己的常规要求或者对米奇参与陪练的期待。每当有寻求帮助的冲动时，我都会用自我肯定来代替对米奇感到沮丧和愤怒的习惯，那就是"看到孩子在培养专注力和音乐能力，我深感满足"。米奇和我不再为孩子的小提琴练习而争吵，我们都开始享受孩子带来的"音乐会"。

02　驾驭你的习惯

接下来，我需要停止期待艾米丽能更快地完成这些作品的教学。她正在教导我的儿子养成一个重要的小习惯，这个小习惯的价值在于创造一个微小的改变，而这最终会让他成为一个更为熟练的"音乐家"。艾米丽知道自己在做什么，而我却只是被自己的急躁冲昏了头脑。也就是说，想要快速取得进展是我的问题，不是她的问题。每当我产生想要拒绝老师的任何练习要求的冲动时，我都会用同样的肯定来替代这种冲动，即"我相信艾米丽的培养路径"。很多年以来，我陪着儿子按照艾米丽的要求进行练习，最终，他可以快速掌握具有挑战性的作品。通过艾米丽对细小变化的长期关注这件事，我学到了生动的一课：许多细小的变化是相互促进的。一直以来，艾米丽都在引导我儿子在小提琴演奏这件事上打下一个扎实的基础。

这与我们不说"我不会再和我的前任伴侣争论了"，而是说"当我的前任伴侣说 X、Y、Z 等无关紧要的事情时，我以前通常会发牢骚，但我现在不会反驳他"是一样的，一旦我们放下消极的部分，发展积极的互动就会变得容易了。

反复关注这些微小的细节，有意识地进行积极的自我对话，这就是我儿子后来能够取得成功的基础，这个基础就源自一个个小小的改变。转变态度，并且坚持下去，直到改变成为习惯。

> THE SECRET TO GETTING ALONG
> 相处练习

4 个步骤，跳出消极循环

- 找出会影响你改善人际关系的"坏"习惯或行为（回顾前面的练习，从中选择一个）。
- 写下是什么触发了你的"坏"习惯。比如，"当我没有得到提拔时，感觉自己就是个受害者"。
- 写下你对能引发情绪反应的事件的反应，这也是你想要改变的行为。比如，"当这种情况发生时，我就会退缩，开始进行大量消极的自我对话"。
- 现在是时候重新校准你想要改变的行为了，写下你想要如何回应或者行动。比如，"我将耐心地提醒自己做擅长的事情，还会去参与能提高自我价值感的活动，而不是陷入消极循环"。

THE SECRET TO GETTING ALONG

第二部分

探究冲突背后的情感故事

探究冲突背后的情感故事

THE SECRET TO GETTING ALONG

现在你已经明白了自己是如何导致冲突的,以及如何更好地定义人际关系目标。如果你已经开始采取措施改变自己的习惯,就能够使用这套全新的方法,倾听在冲突期间你的内心以及周围实际上正在发生什么。为了让你进一步了解自己实际上如何导致了负面的互动,使事态恶化,也为了让你更好地看到并了解什么习惯可能会形成和导致冲突,你需要学会克服噪声的影响,透过事情的表象,倾听冲突中真正发生的事情。

在这一部分,我将教你如何更好地积极倾听,以便打开你头脑中中立的空间,开始区分意图和立场。利用你在第一部分中学到的习惯培养方法,开始培养新的倾听习惯,包括倾听你自己的真正意图,也包括倾听对方的真正意图。

03

保持中立，创造更多可能性

当我的三个儿子还小的时候，他们总是充满活力，不停地四处奔跑。有那么几年，为了保护他们的安全，防止他们跑到马路上，或者在玩耍时无意间伤害到彼此，我筋疲力尽。米奇大部分时间都在出差，他不在时，我经常幻想他和我一起在照看和陪伴孩子。我想象着他会突然出现，分担我的责任，减轻我的负担，这样我就可以休息一下了。但实际上，当他在家的时候，照顾孩子这件事也并没有变得更轻松。长时间的出差使他感到疲惫，他需要时间放松和调整。于是，他并没有像我想象的那样从容地支持我，反而对我的需求不那么上心，总是很久才回应。当他和孩子们在一起的时候，他采用的教育方式大部分也是我不赞同的。

我梦想着能在无休止的育儿责任中得到片刻解脱，而我真正面对的却是更多的混乱和指责，它们仿佛在无声地提醒我，我需要成为一个更好的"母亲"。那时候我真的觉得我和米奇完全不合适。我们的互动不仅经常给孩子们带来更多混乱，还放大了我们之间的分歧。虽然我们都在尽最大的努力陪伴孩子成长，但在这个过程中总是互相指责，同时也都觉得自己在教育不守规矩的孩子这件事上很失败。

但当我们开始倾听彼此，了解双方的出发点是什么时，就有机会去改变这种互动状态。米奇之所以会对我的需求反应迟钝，是因为他对孩子们的不端行为感到焦虑和尴尬，而我感到沮丧是因为感受到了来自我父母的无端指责，他们明明不在我身边，也完全不知道发生了什么。我的反应其实是出于自己的防御心理和不安全感，我认为自己也许没有把每件事都做得"恰到好处"。只有给予彼此足够的空间，我们才能消除那些毫无根据的攻击。通过反思，我们才意识到每个人都需要后退一步，去了解对方的想法，这样才能一起学习共同养育孩子的技巧。

如今，当类似的问题再次出现时，我们会更加注意处理问题的方式。我会有意识地尽早表达自己的期望，这样米奇就有充足的时间采取行动，而米奇也变得更愿意沟通，从而避免让事情走向僵局。虽然从理智上认清"自己是问题的一部分"相对容易，但要破解那些造成问题的具体想法和行为，然后在相处过程中避免出现这些想法和行为，却是一项更为艰巨的任

03　保持中立，创造更多可能性

务。当我们保持冷静和理性时，分析事情其实很容易，但当冲突发生时，我们就很难做到理性地分析了。因为情绪激动时，我们无法头脑清晰地思考问题。我们经常会被自己的情绪淹没，无法看清在某个问题中自己应承担的责任。

当处于这种防御状态时，人的本能反应是立刻进入战斗或逃跑模式，但这既不能解决问题，也不能让内心获益。相反，必须给身体和情感都留出空间或余地，这样才能思考问题并冷静地做出回应。也就是说，**当事情变得激烈时，我们要试着自我调节，让自己能够更慢地做出反应，这样才能更好地分辨什么时候应该向前，什么时候应该退出**。我们要避免把注意力集中在冲突的外部原因上，因为指责对方虽然可能会在当时给我们带来一种赢了的感觉，但这无益于缓解冲突，反而会让我们感到沮丧，产生无能为力的感觉。

当你感到体温开始升高时，在情绪爆发之前，你或许可以试着使用下面这些回应：

- 我现在实在忍不住想要责备你。让我认真想想，然后再回应你。
- 我理解我们的观点不同，也许可以等我们都冷静下来以后再讨论这个问题。

与生命中重要的人好好相处　THE SECRET TO GETTING ALONG

- 我听说你由于听到别人的观点而沮丧/生气/恼火。
- 我知道我现在没有倾听你的想法。也许我们可以轮流倾听彼此的想法。
- 我明白你的意思,我会考虑的。
- 我知道自己并不完美。让我们和人力资源专家/调解人/治疗师一起讨论这个问题。

通过使用上面这些方法去回应,实际上你正在给反应系统留出空间,让你的反应慢下来,也让对方有机会表达。这种在对话方面的小小尝试能为双方关系上的巨大变化创造机会。

为了处理冲突的方方面面,我们必须学会站在中立的立场上倾听。"中立"指的是持有一种不依附于某一立场或某一方的想法。保持中立时,人的反应系统(或情绪大脑)就会放松,理性大脑才能自由地发挥作用。**中立让我们能够拥抱所有可能性,能够抱有开放的心态和好奇心去倾听他人的想法。**有了开放的心态和好奇心,我们就能够进入一个可以冷静倾听并有意识地回应他人的空间,而不是简单地、本能性地做出反应。在这个空间中,我们可以坐下交流,通过调整解决冲突的方法,使以前无法解决的问题得以解决。

我曾经一直在用自己最糟糕的状态回应米奇。在我看

03　保持中立，创造更多可能性

来，他的行为、不作为、语气、沟通速度（很慢），以及他做的或没做的每一件小事，只要没有达到我的期望，就是对我本人的侮辱。我花了很长时间才真正明白，米奇并不是故意跟我作对。但我当时情绪很激动，认定他就是故意咄咄逼人。我没法用一种恰当的方式来调整自己的想法和反应，而是揪住一些原本可以忽略的细节不放，又忽视了一些本可以更好地得到解决的问题，这些都加剧了我们之间冲突的混乱程度。

通过这么多年艰难、痛苦的沟通，我终于意识到米奇和我有着不同的沟通方式，无论我怎么做都没法让他按我的步伐来沟通。当接受了这事实时，我发现为了让沟通变得更加顺畅，我的目标变成了让自己缓慢地做出反应，深呼吸，多倾听。通过进入一个更加中立和平静的空间，我变得可以从一个更客观的角度去看待这些情况。我意识到，要想防止让情绪本身控制局面，关键在于我需要暂时跳出自己的立场，暂时不考虑自己的想法——这在激烈的争论中尤其难以做到，然后调整我的想法和反应，这样我才可以从一个更客观的角度来观察冲突中正在发生的一切。

为了在冲突中获得情感自由，重要的是，不仅要倾听对方的话语，还要留意那些非语言沟通的内容，包括说话的语调、肢体语言以及心理预期等。捕捉这些非语言沟通的线索看起来似乎很简单，但在实践中很容易陷入误区，将倾听当成一种为接下来的反击做准备的工具。在这种情况下，你可能会密切注意对方的言行，关键在于你的心态。

你需要保持中立的头脑，这样不仅能感知你们正在交流的内容，还能感知各自潜在的意图。这样做的目的是站在一个中立的角度，清楚地区分自己的情绪状态和讲述者的意图，只有这样才有希望采取理性和客观的行为去解决之前那些棘手的问题。

在本章中，你将学会倾听并进入两种不同的心理状态或立场之间那个中立的空间，你开始这样做以后，很快你的感觉就会好起来，你会发现自己已经可以熟练地处理冲突了。

有趣的是，在发生激烈的冲突时，我发现有时在线上解决争端比面对面解决更容易。我认为这是因为人们在线交流时，对姿势或面部表情的感知能力更弱，反而让言语或目的成为关注的焦点，减少了那些容易引起情绪波动的更微妙的对立成分的影响。

实际上，有时候仅仅用言语进行简单的互动便可以更有效地解决冲突。

03　保持中立，创造更多可能性

考虑更多可能性

朗达和比尔结婚 17 年后离婚了。朗达发现比尔做事效率低下，他的慢条斯理让她恼火。比尔也指责朗达过于固执己见。事实上，他俩对彼此的看法都有一定的道理。朗达知道自己想要什么，而比尔更容易服从，但比尔事后又会怨恨自己的选择，他觉得大部分选择都是因为朗达的强势而迫不得已做出的。值得庆幸的是，他们通过调解解决了分歧，但他们要共同抚养两个孩子。他们住在同一个小镇上，谁也不希望自己的名声因对方而受损。

一方面，当两个人开始保持距离时，朗达再次注意到了比尔值得欣赏的地方：他脚踏实地的性格、值得信赖的品质和对孩子的用心承诺。虽然她非常想离婚，但回想这一段关系，她意识到即使比尔不是一个完美的伴侣，但他的心意的确是好的。

另一方面，当朗达不再过问比尔的事，而是让他自己拿主意时，比尔意识到朗达曾经让他的生活充满了冒险，而这些经历是靠他自己永远无法获得的。他还意识到，朗达总能轻而易举地兼顾孩子与工作。

说来令人唏嘘，在经历了婚姻中多年的相互指责和怨恨之后，他们最终通过离婚学会了保持中立。他们的分离为彼此创造了空间，也留出了时间，从而得以后退一步，而不是任由关系继续恶化。通过调解，他们改变了自己的态度，也很快明白了，唯一令人愉快的前进之路就是接受彼此，包括接受彼此的个性。终于，他们变得能够站在中立的立场看待问题。

我有一种预感，如果朗达和比尔可以在婚姻关系还没有破裂时，就能在心里为彼此的分歧留出一些空间，他们的关系可能就不会恶化到这一步。当然，尽管他们最终还是离婚了，婚姻和家庭没有持续一辈子，但都觉得自己曾经的婚姻和家庭是成功的。

即使我们不在乎自己是否能被每个人喜欢，也依然希望能与他人和睦相处，平静地生活。[1]我们希望在夜深人静时觉得自己是可以与他人和睦相处的，或者至少不会不顾周围人的感受去做我们喜欢做的事。像比尔一样，我们不想被人摆布；像朗达一样，我们希望自己明确传达的合理诉求能得到尊重。我在20多年的调解工作中发现，如果人们能够更好地倾听，就能得到更多他们想要的。而问题是，我们在处理分歧时往往过分执着于得到自己想要的东西，失去了考虑最佳结果或其他解决方案的机会。**保持中立意味着考虑更多可能性，而不是当情绪波动时就本能地使用"是或否""对或错"的二元思维。**

03　保持中立，创造更多可能性

我过去经常打电话给祖母，问她过得怎么样，她经常这样回答："你知道的，和平常一样——烦恼多，问题少。"我觉得她的回答对很多人会有启发。我们在专注于一个问题或者担心某件事情时，经常会把情况弄得很糟糕，而通过保持中立，就可以创造一个空间去区分游离性焦虑（Free-floating anxiety）[①]和需要我们充分关注并迅速行动的现实问题。当从更中立的角度思考我们所关心的问题时，就可以避免把任何可能出现在我们面前的情况变成一场灾难。

一个保持中立思考的好方法是，回忆一下小时候的你是如何看待食事物的。《大脑游戏》（*Brain Games*）是我和我9岁的儿子一起看了很多次的节目，其中有一个很棒的环节，完美地说明了这一点。在这个环节中，研究人员向一些成年被试和未成年被试展示了一些模糊的罗夏墨迹测验用到的图片，并要求他们描述自己看到的图像。结果显示，绝大多数成年被试给出了非常相似的描述，而未成年被试的回答则五花八门、充满想象力。这体现了他们天性中的开放性和创造性。在展示了未成年被试给出的答案以后，研究人员又向成年被试展示了另一张图片，并要求他们完成其他任务。这一次，成年被试被鼓励去留意或"倾听"自己内心孩童般天马行空的想法。这一次，

[①] 指突然产生的与特定情境无关的焦虑。——编者注

与生命中重要的人好好相处　THE SECRET TO GETTING ALONG

他们给出的答案丰富多样,甚至很有趣。当成年人被鼓励超越他们对"正确答案"的固有思考,拥抱更广泛的可能性时,他们就能去拥抱中立空间。这一点对解决冲突非常有帮助。

找到"刚刚好"的选择

杰里米·夏皮罗(Jeremy Shapiro)等心理学家将二元思维的解决方案称为"金发女孩原则"(Goldilocks Principle)[①]。[2] 在我们的个人发展中,成功找到"刚刚好"的选择的一种好方法就是回归中立。为了保持中立,我们需要在说话、写作和反应之前暂停片刻,开放思想和心灵去倾听对方想说的话。这种中立的思维方式能给绝大多数人一个空间,让他们能够以一种不那么敌对的方式看待事情。当然,这里的绝大多数人并不包括某一立场的极端的拥护者。

有时候我们只需要审视自己的想法,倾听从中收集到的信息。比如,当你的母亲无数次连续给你打电话,表达已表达过无数次的强迫症般的担忧时,你可能会有一种想无视甚至挂掉

[①] 源自童话故事《金发女孩和三只小熊》,该原则的基本内容是"凡事皆有度,合适最重要"。——编者注

她的电话的冲动。你想对她大喊大叫甚至痛哭，因为你真的再也受不了了。

我们在被激怒时，就会在压力的诱导之下做出决定。[3]人们在心烦意乱时，即使思想开放，其表现也会呈现两极分化的特点。我们被困在二元范式中，看不到面前所有的可能性，因此错过了重要的联系、对话和成长的机会。

下一次，当爱你又让你精疲力竭的母亲再次打来电话并向你表达她的担忧时，你的本能反应要么是避免被她同化，要么是连招呼都不打就直接挂断电话，要么是在接听了很长时间的电话后心烦意乱，于是害怕她的下一次电话。

在这个例子中，可能你的需求是既让母亲表达她的担忧，又让自己能够不被她一直电话轰炸。有一种方法可以同时满足你的两个需求，也能让你避免产生受伤的感觉和情绪上巨大起伏。为了让需求更加明确，你需要从感受到攻击或轰炸的情绪中后退一步，问问自己现在正在发生什么。也许你觉得自己不被信任，被打扰，或者你只是很生气。一旦认识到母亲其实有其他需求，也许她只是希望被需要，你就可以巧妙地创造一条解决路径，同时满足你们两个人的需求。在这种情况下，也许你可以计划进行一次深思熟虑的谈话，并在她下次打来电话前就安排好这一切。与其等着她打电话给你,不如你主动打电话给她,或者可以请她把烦恼先收集起来,然后每周通话一次,并向她保证会拿出一小时的时间倾听她的烦恼。这将有助于缓解你的症状。除此之外,你还要让她知道你有多感激她,有多爱她。这种方法对我和我母亲有效,你不妨试试。

无论我们处理什么样的冲突,不管是人际关系冲突还是内心的冲突,都需要做出正确的选择并管理好自己的情绪。当管理好了自己的情绪时,我们就会成为更好的倾听者和沟通者,可以更细致地留意身体语言、潜台词、意图和故事背景,以便更好地了解我们自己和周围的人。

相处练习

找到"刚刚好"的选择

找到"刚刚好"的选择的一个好方法是,将你在任何情况下真正需要的东西写下来。比如,在一张纸或日记本的上方写下以下内容:

- 困扰你的情况。
- 你对这种情况的感受。

03　保持中立，创造更多可能性

- 你的理想解决方案。

现在分析你的"理想解决方案"。在刚刚写完的内容下面画上两列。

在第一列中，写下在理想的解决方案中你无法控制的部分。发挥想象力，写下所有你能想到的无法改变的外部事物。对我们来说，承认自己无法改变的事情是一种解脱。

在第二列中，写下在理想的解决方案中你可以控制的部分，要列出所有你有能力改变的事情。

有了理想的解决方案中的这两部分，你就可以着手分析用来解决不太理想的情况的其他方法了。

首先，看着第一列，问自己下面这些问题：

- 这一方面对你理想的解决方案的实施来说有多重要？
- 你能做些什么来控制这一方面吗？
- 如果有人可以为这一方面负责，他们愿意合作还是妥协？
- 你自己控制这一方面的可能性有多大？

对于第二列，你要思考：

- 这张清单上所列的事情将如何影响整体情况？
- 除了清单上第一列的方案，还有其他方案可以帮助你改善现状吗？

与生命中重要的人好好相处　THE SECRET TO GETTING ALONG

下面是这种方法奏效的一个例子。

假如你正在应对一个要求非常高的老板,他总是在你还没完成一项任务的时候就把新任务扔给你。随着待办事项的不断增多,你似乎永远无法在大型项目上取得进展,因为你被琐事占去了太多时间,你感到非常沮丧。

你觉得自己对工作失去了控制,工作任务不停地增加,你的压力很大,明明忙得一塌糊涂,却仍得不到赏识。

在理想的情况下,你希望收到规模较小的、更为明确的工作任务,并在完成这些任务后得到积极的反馈和表扬。

虽然你可以要求老板给你一份清单,列明最重要的工作,但你不太可能从根本上改变他委派工作的风格。不过,你可以创建自己的工作流程系统,这样一来就可以每天获得成就感。假如你正负责一个大型项目,同时还需要处理不断涌入的新任务。与其马不停蹄地处理所有小任务,因此没时间推进大型项目,不如不管新的任务是什么,每天花 3 小时推进大型项目,剩下的 5 小时用来处理当天的其他任务和问题。深入思考如何创造适合自己的工作环境,可以显著降低你的沮丧感和迷茫感。如果有必要,可以主动与老板沟通,分享你经过深思熟虑

03　保持中立，创造更多可能性

后得出的平衡工作量的方法。向他清晰地阐述你的工作流程。他可能有不同的任务优先级和期望，通过沟通，让他知道你正在考虑的事情。这或许能够使你们之间的谈话更有成效。这样做还可能有额外的好处，比如，你的老板可能会因为你对工作的细致思考和优化自己的表现而对你印象深刻！

要记住，给你打电话的妈妈或你的老板都不太可能故意让你心烦、沮丧或不知所措。实际上，他们只是在用自己的方式满足自己的需求，甚至可能他们自己患有神经官能症，需要用这些方法来应对由此引发的混乱。即使你小时候形成的世界观让你认为自己缺乏主见，现在也是时候摈弃这一错误的信念了，你是你所处环境和经历的主人。不管你目前的处境如何，去创造让自己觉得刚刚好的环境和体验，这是你的责任，并且是只属于你的责任。如果你觉得这不可思议，那你可能需要在他人的帮助下探索自我设限的原因。

我听过这样一个故事，生活在某个国家的人认为，一个人小时候在考试中的得分会决定他成年后的职业道路。在这样的命运安排之下，这个国家的人长大后走上的职业道路与他们内心渴望走上的职业道路往往截然不同。这个故事令我震惊，因为基于我的人生经验和世界观，我可以决定自己成为什么样的人。讲这个故事的人进一步解释，尽管上天没有让自己走上梦想的职业道路，但他逐渐意识到，有一种方法可以让这种无法改变的命运变得更有趣，那就是探索所有选择。这种受限的环境反而成了一份礼物，激励他在年轻时就不断寻找合适的视角，通过创造一个令人满意的职业生涯来减少职业道路本身带来的失望。

很多时候，当我们在觉得自己成了环境的牺牲品，或者陷入了一场不愉快、令人不满的互动时，就会把问题归咎于他人。我们经常会说些言不由衷的话。当然，这并不意味着我们是骗子。

人们在取悦他人时，有时会不自觉地说出并非出自真心的话。在思考和回应他人时，他们常常懒惰且草率。这样的例子不胜枚举，长此以往，会不可避免地面对由此产生的充满冲突的人际关系。但实际上，这不是必然的结局。

无论我们正在处理的是人际关系冲突还是内心的冲突，当开始管理自己的情绪时，我们就能找到"刚刚好"的解决方案来应对面临的任何障碍。这样一来，我们就有能力使情绪缓慢释放，从而更有可能进行有效的沟通，得到更好的结果。

积极倾听，为更好的交流提供机会

如果没有积极倾听，我们在处理人际关系时就会变得笨拙、爱抱怨，在面对冲突时还会有点急躁。当然，倾听他人的非语言内容和对别人的意思做出未经证实的假设之间是有区别的。**积极倾听对方未说出口的话，为更好的交流提供机会。**

如果说有一件事是我极其擅长的，那就是和好争辩的人打交道。在这种情况下，我会把自己想象成一个重要的维和人员。我经常说，虽然我在很多事情上的表现很糟糕，但我非常擅长通过调解来解决哪怕是最复杂的争端。然而，在生活中的某些情况下，我也会和其他人一样，忽略了倾听的重要性。有时，我可能没有对别人说过的话和未说出口的话做出应有的反应，甚至也没思考过为什么。我们来看一个例子。

我还是一名刚刚入行的律师时，对许多我很喜欢的同事表现出的胜者为王和故步自封的心态感到非常失望，这给我带来了很多不必要的痛苦。当被卷入不涉及任何形式的虐待（如家庭暴力或经济虐待）的离婚案件时，我总是不遗余力地试图让双方达成一致，一起从整体的视角看待相关案件。如果我只是想在法庭上"获胜"，并减少精神上的痛苦，就完全不应该这么做。结果，我充满激情地忙于解释为什么不给孩子造成附加的伤害很重要，为什么即使关系破裂后家庭的存在依然很重要，这让我根本没有认真听另一位律师在说什么。我只听到他们说："好的，让我们一起来解决这个问题吧。"但我没有在意对方律师接下来说的话，也没有听出那些话背后的潜台词："在我们走完所有的法律程序以后"或"在我们开出六位数的账单以后"或"我们在法官面前好好表演以后"。

在这个过程中，我只是假定我的视角就是唯一的视角，也正因如此，我没有去了解对方律师可能使用的不同方法。只有当我意识到同事们的计划和我的不同时，我的沮丧程度才会升高。最终，虽然我的绝大多数案件都是在谈判桌上而不是在法庭上解决的，但在谈判过程中，我内心的疲惫超出了正常水平。在很多情况下，我认为自己知道这个案子需要解决什么问题，因此并没有真正倾听。我的计划明明是为双方创造一种和平、无冲突的退出方法，结果我却一心一意地将对方的律师带到了谈判桌上，也就是说，其实我制造了更多冲突而不是减少了冲突。

更好的倾听需要"保持中立"，并认识到无意识的偏见或模式对婚姻关系和其他长期关系产生的影响。[4]一个人可能会说"我不在乎"，而另一个人可能会因此失去理智，因为他们"知道"自己正被迫做出"错误"的决定，而这个决定稍后就

03　保持中立，创造更多可能性

会被对方用来指责自己。只有当我们可以以开放的心态接纳中立时，才能用更广阔的视角去倾听。

回想起来，我意识到，作为一名年轻的律师，当我与极具争议的对手打交道时，我总是持有强烈的无意识的偏见，我会把他们看作咄咄逼人的混蛋，认为是他们让案件变得复杂、难以解决。后来我意识到，这种想法其实是一种荒谬且明显的偏见。事实上，大多数诉讼律师都发自内心地相信，他们只是在积极地倡导和防止一些错误降临到自己已经受害的客户身上——在大多数情况下，他们可能的确是这样做的。

保持中立不仅能让我们接受其他观点，也能从更为正确的角度看待冲突。当一天结束时，我会反思，然后发现其实背景故事并不重要，重要的是，我意识到处理离婚问题的方法其实不止一种。

一些人认为离婚的目的就是争夺财产，一些人认为离婚就是因为关系破裂。通过应对这些差异，并对离婚中至关重要的所有细微差异有更深刻的理解，我既形成了更强大的思维能力，不再简单地以"一刀切"的方式看待离婚过程，又获得了处理案件的方式与我不同的同事的尊重和钦佩。

THE SECRET TO GETTING ALONG
相处练习

积极倾听，与对话者建立信任之桥

要想理解你为什么会与他人争吵，然后去解决冲突，可以从一种叫"积极倾听"的练习开始。积极倾听能让你和讲述者建立信任关系，这样你就能更好地理解问题并化解矛盾。它还可以帮助你掌握更多关于正在讨论的任何问题的知识，并加深对问题的理解。积极倾听可以让每个人都被听到，从而使倾听者对听到的内容有更深入的理解，减少讲述者无休止的重复。而且，这样做往往能抑制人们追求"正确"的本能。

理想情况下，这个练习需要两个人一起完成。练习时，两个人轮流倾听，然后反馈。

这个练习的关键在于：双方需要就发言时间达成一致。在此期间，指定的讲述者要用短句陈述他对某个特定主题的感受。重要的是，要使用能表达情绪的词而不是带有嘲讽意味的词。所以，相比于"我觉得你是个混蛋"，"我觉得自己不被尊重"之类的说法更好。在冷静地思考讲述者表达的内容以后，倾听者要问一句："还有吗？"

举个例子，两个人就每个人发言 5 分钟达成一致。计时开始后，讲述者说："当你没有放下马桶盖时，我觉得自己不被尊重。"然后倾听者说："当我没有放下马桶盖时，你会觉得不被

03　保持中立，创造更多可能性

尊重。还有吗？"

然后讲述者继续列举其他事情，如"当你给我一个很长的待办事项清单时，我会感到不知所措"。倾听者会说："当我给你一个很长的待办事项清单时，你会感到不知所措。还有吗？"

两个人就这样一直来来回回，直到 5 分钟以后交换角色。需要特别注意的是，这个练习的目标是形成一种中立的说话态度，并练习用冷静、有计划的方式来谈论即使是最困难的话题。这个简单的练习有助于创造一个中立的空间，并为更有创造性和成效性的结果打开沟通之门。

这个练习除了能创造空间，让我们用一种中立的态度解决问题，还能让我们更多地处理自己的情绪，从而强化自身在面对刺激时的反应。要注意，这个练习不是一个直接或间接"攻击"他人的途径，讲述者不要用"我觉得你疯了／没有头绪／没用"等表达，或者把长长的待办事项清单描述为"杂乱无章"或"离谱"。

THE SECRET TO GETTING ALONG

多倾听，少评判

一旦你有了成为一个积极倾听者的能力，就可以运用这个策略让困难的互动变得容易起来。你必须集中注意力去做一个积极的倾听者，在倾听过程中不做判断并不断思考讲述者正在表达什么，然后进行澄清和总结。这样做的目的是让讲述者感受到作为倾听者的你，对他们的观点感同身受。这样一来，你就能真正听到他们的痛苦，理解他们经历的一切。注意，**你并不需要同意讲述者的所有话，只需要倾听他们的观点，并做到不要插话即可。**

然而有时候，一个人说话的语气、说话的方式，或者肢体语言就足以引发与他人激烈的争吵。人们可能会被动地（不自信地）或主动地（自信地）表达自己。虽然我们往往对自己的说话风格不甚明了，但也可以有意识地在表达时采用积极、中性或消极的方式。更复杂的是，人的反应深受先天或后天形成的沟通风格的影响。

人们用自己的独特方式对不同的语气做出反应，这样做有时会让情况变好，有时也会让情况变糟，具体会怎样，取决于选择的沟通风格是否适合当时的沟通情境。总之，你需要关注讲述者的语气，也需要关注自己说话时的语气，有时需要问问自己，你的语气会给人留下怎样的印象。这可能比只关注倾听者的反应要好。记住，即使沟通不是万能的，积极倾听对大多数人来说都是一个很好的开始。

03　保持中立，创造更多可能性

在希拉里推迟签署沙龙的第二份租约以后，西蒙觉得自己受到了侮辱，在她看来，希拉里的表现很消极，完全不像好朋友该有的样子。西蒙没有倾听希拉里的观点，而是选择闭口不谈。尽管没有任何明显的背叛，但这种完全不交流感情的行为最终也将导致一段关系的结束。西蒙知道自己是一个野心勃勃、热情奔放的人，但她从来没有想过自己的风格可能在不经意间让希拉里变得沉默。而且，作为商业合作伙伴，最终分道扬镳可以理解，但如果她们愿意花时间了解彼此对沙龙未来 5 年的设想以及各自的感受，那么即便她们在事业上分道扬镳，也能做朋友。

虽然这件事可能让希拉里意识到了自己在面对冲突时的恐惧，可能也让西蒙意识到自己的动力和雄心是由一种深深的恐惧感支撑的，也就是她永远不会像梦想中的那样赚大钱。但她们的故事其实可以有截然不同的结局，她们可以以中立的态度简单地承认，明白彼此对各自事业的感受，而且也已经无法继续以合伙人的身份发展事业。如果她们能够简单地反思一下，即使不知道冲突从何而来，也能明白彼此都重视和尊重对方，这就足以挽回她们之间珍贵的友谊。

相处练习

正向表达，积极倾听

你可以做一个快速练习，试着花 5 分钟时间表达当某件事发生时你的感受，看看你能否做到只用描述情绪的词句来填满这段时间。你可能很难相信，很多人根本就没有表达情绪的词语储备。你可以在网上找到如图 3-1 所示的"情绪轮"。比如，可以用来表达心烦意乱的情绪词语有：愤怒、困惑、沮丧或悲伤；恐惧、受伤、孤独、懊悔或缺乏信心。当然，积极倾听本身也可以用来表达感激之情。

举个例子，如果伴侣为你整理了床铺，你可以对对方说："你早上为我整理床铺时，我感到被尊重/爱。"可以用来表达积极情绪的例子还有：快乐、高兴、被欣赏、平静、有趣、愉快、兴高采烈或被吸引。

此外，如果你想倾听自己的情绪，最好是拿出日记本开始写日记。在日记的一面写下能引发情绪反应的事件，比如，当这件事发生的时候，或者当你做某件事的时候……

坦率地面对这类事件，并写下你的感受。写完后再读一遍，然后，在你刚刚写完的文字的下一行，用一种中立的态度重新描述这件事以及你的感受。专注于这个中立的空间，你就会认识到，只要开始练习从不同角度思考你的经历，你就有能力改变你

03　保持中立，创造更多可能性

面对这类事件时的感受。

图 3-1　情绪轮

下面这段文字是我一年前写的。

当孩子们为了一些无聊的事情打闹时，我感到很愤怒。

我注意到孩子们在打闹，也注意到自己对此感到沮丧。

当我能站在中立的空间看待情绪、主观判断和事实时，我对这种情况的反应就不再是主观判断（比如，无意义的宣泄）

和情绪化表现,这种转变让我能够更加开放地倾听每个孩子的话,并缓解当时的情况。

重新思考冲突,探索更多可能

要在头脑中打开中立的空间,我们需要看到所有潜在的结果,消除"全有或全无"思维,因为这种思维会干扰积极倾听和互动。与其从零和博弈的角度看待冲突,不如站在中立的立场倾听,让倾听者了解到彼此之间可能会有一个不同的、无害的故事正在上演。在和他人相处时,另一种打开中立的空间的好方法是让自己思考如下内容:

- 其他合理的解释;
- 最好的结果;
- 最坏的结果。

每个人心中都有一个自己觉得真实的故事,但对于同一个故事,不同的讲述者会呈现不同的版本。虽然每个故事可能确实都基于事实,但它们也融入了我们的情绪、背景和视角。因此,通过探索其他合理的解释,我们可以避免不必要的伤害。

03　保持中立，创造更多可能性

如果我们能够通过思考最好和最坏的结果来发现其他可能的可能性，就更容易采取妥协的立场，也更容易找到切实可行的解决方案。

他人的反应可能与你无关

我的朋友塔尼娅很想从她一个朋友的丈夫查克那里了解如何购买某处房产，但当她在一次聚会上走近他并跟他聊起这个话题时，查克却突然打断了她。塔尼娅离开聚会后，感到既困惑又沮丧。她以为查克会帮助她，但在他直接终止交谈以后，塔尼娅觉得一定是查克认为她的问题很愚蠢，并因此讨厌她。

我建议塔尼娅考虑其他合理的解释来理解查克的行为，尤其是那些与她无关的解释。也许，他当时刚刚失去了一个他十分重视的人，这让他觉得自己没法融入当时的聚会。也许，他不想在聚会时谈论工作。也许，他也对这处房产感兴趣，和她讨论这件事会让他觉得不舒服。在思考了所有其他可能的合理解释以后，塔尼娅的痛苦消失了，因为她意识到自己不可能了解查克莫名其妙的行为背后的真正原因，于是便以一种中立的心态去看待这种情况："查克正在为一些问题困扰，这些问题与我问他的房产问题无关。我对其他原因的可能性持开放态度，我得接受自己可能永远无法知道究竟是什么原因导致了这种结果，并且不指望查克会对此给出反馈。"

最坏的结果也没什么大不了

在处理冲突或者协商解决一些问题时,必须认真考虑其中有什么风险。特别是当我们需要做决定时,了解所有结果的潜在风险绝对是有必要的。只有考虑到最好和最坏的结果,才能做出最合理的决定,并选择一条前进的道路。塔尼娅先考虑了最好的结果,即查克会在一两天之内打电话给她,询问她关于这处房产的想法,还有最坏的结果,也就是查克永远不会给她打电话。塔尼娅考虑了一系列其他可能存在的从最坏到最好的结果后发现,除了被动等待查克的回应,自己什么都做不了。于是,塔尼娅选择不去想这件事,并在接下来的几天里保持平静。后来,查克电话联系了她,并最终代表她签订了房产协议。

在强迫自己参与这些可能性探索的过程时,我们其实是在创造空间让自己的思维保持开放,从而留意在当前的问题中以及生活中真正发生的事情。

THE SECRET TO GETTING ALONG
相处练习

创造中立空间,避免两极对立

如果你发现自己陷入了"是/否"的思维模式,那接下来这

03　保持中立，创造更多可能性

个类似"积极倾听"的写作练习会特别有用。将日记本分成三列。在第一列写下你和他人正在争论什么，在第二列写下理想的结果，在第三列写下你想要获得这个结果的理由。这种做法将扩大你头脑里的思考空间，为其他结果的出现创造机会（这个过程将在第 4 章中进一步探讨）。

假设你结婚后因为伴侣的工作搬了家，每年圣诞节你都非常想回家和亲人在一起，而你的伴侣只想在家里过一个安静的圣诞节。虽然你通常都能灵活地处理，但某一次，你觉得自己绝不能让步。你认为在圣诞节时无法与亲人在一起令人难过，无法理解为什么有人会不想回去看看亲人。这种分歧最终演变成一场针锋相对的争论，这不仅很可能毁了你的假期，也可能毁了你孩子们的假期。其实你可以创造一个中立的空间去观察在谈话背后究竟发生了什么。你将会注意到，当中立的空间打开，各种可能性也会显现出来（见表 3-1）。

表 3-1　在中立的空间审视对话

我和他人正在争论什么	理想的结果	我想要获得这个结果的理由
我想和亲人在一起，而我的伴侣只想在自己家里（和孩子们一起）	我能和亲人一起度过圣诞节，而我的伴侣也能对这个结果感到满意	我感到孤独，担心失去和大家庭的联系。我认为大家庭对归属感、群体间的互相理解和社会福祉来说都是必不可少的

与生命中重要的人好好相处 THE SECRET TO GETTING ALONG

独立完成这个练习会非常有用，如果你能让伴侣参与其中，那么以上三个问题还可以帮助你打开倾听对方心声的大门，甚至能够加深你对伴侣的了解。例如，与其认定他在争论或者针锋相对，不如考虑是否存在其他合理的解释。也许他只是在满足自己儿时的幻想，可能在他还是孩子的时候，他就只想过一个安静的家庭圣诞节，但他的兄弟姐妹不愿意这么做，或者家庭成员会大量喝酒以致混乱。也许他想待在自己家里的愿望与你想要什么没有关系，这只与他内心的意愿有关。接下来，再看看最好的结果和最坏的结果，如果你固执地坚持每个圣诞节都要和自己的亲人在一起，而且伴侣和孩子也要跟你一起，最好的结果可能是，伴侣和孩子满足了你的要求，你会度过一个完美的假期，你的亲人也都陪伴在你身边，这令你感觉很幸福；最坏的结果可能是，伴侣认为你是如此冷漠和自私，并因此动了离婚的念头。要知道，你们一旦离婚，你和孩子共度圣诞节的机会将减半。

THE SECRET TO GETTING ALONG

保持中立时，我们就能听见各种各样的合理解释，以及对双方来说最好和最坏的结果。如果我们开始注意到自己的想法，并为这些想法拓展更多空间，就能避免主观臆断，从而敞开心扉，倾听其他可能存在的思考方式。保持中立时，我们与他人的互动会变得更加顺畅和包容,也就更有可能获得最佳结果。总之,保持中立会让你有足够的空间倾听各种可能。

有了这种开放的心态,你就可以开始考虑其他合理的解释,并分解结果的范围,也就是那些介于最好的结果和最坏的结果之间的可能性。通过这个练习,你会有机会获得对人际关系更深刻的理解和更真诚的结果。

04

要思考"为什么",更要关注"是什么"

现在,让我们回到我在离婚法庭做书记员的岁月,那时我需要解决冲突最严重、最棘手的案件。我的任务是尽可能地缓解法庭的压力,也帮助当事人节省精力和金钱。尽管当时我还年轻,一开始觉得管理诉讼是一项艰巨的任务,但很快我就意识到,在大多数情况下,当我在调解时直接指出双方当时的情绪,如愤怒、沮丧、担心等时,很多问题就会消失,案件几乎迎刃而解。

这是一个我印象最为深刻的案例,我的客户乔和丽塔一直在争夺孩子的监护权和房子的归属权。他们离婚的原因之一是乔对丽塔不忠,虽然这一事实是他们决定离婚的关键因素,但在法律层面上,这一行为对离婚的结果并没有太大影响。因为在美国的离婚诉讼中,谁对谁不忠并不影响财产的分配。我之所以指出这一点,是因为在会面时乔对丽塔不忠的事实在谈话中被频繁提及，并不断地干扰着原本正在进行的议题讨论。对此，乔的反应是不停地翻白眼，他半真半假地道歉或者直接否认丽塔的指控。结果，乔和丽塔陷入了毫无意义的争论循环。从法律角度来看，这些争论并不会影响他们离婚的结果。

当时丽塔不断哭诉她的经历，整整持续了一小时。我在倾听时突然意识到，她其实需要被认真倾听。[1]于是，30岁的我大胆地对她说道："听起来，你的生活好像就是一个谎言。"然后，我迅速转过头，对乔说："我要澄清一下，我认为丽塔的生活并不是一个谎言，我只是在表达丽塔对此的感受。"接着，丽塔喊道："是的，这一切太不公平了！"

之后，就像魔法一样，当我表达了我所理解的丽塔的感受时，她就平静下来了。其实她只是需要知道自己会没事的，能够在一个不错的房子里和孩子们一起生活，她对乔的部分养老金的使用权也不会被剥夺。只要确认了这些，她就能够安定下来。找到了争论循环出现的原因后，调解工作就能向前推进了。

我意识到，当我说出丽塔的感受时，她就意识到自己有机会被倾听，这样，她才能倾听自己的心声，找出自己想要孩子、房子和所有资产背后的"为什么"，也就从"乔对我不忠"的争论循环中跳了出来。丽塔一开始什么都想要：房子、银行

04 要思考"为什么",更要关注"是什么"

存款、孩子的完全监护权,但她需要的其实是稳定的生活和被人倾听。一旦我通过反思"为什么她会感觉自己的整个生活都是一个谎言"来验证她的想法(通过第3章介绍的积极倾听),她就不再那么情绪化,也能够清晰地表达自己在财产分割方面需要什么,即安全和公平。从那以后,事情的进展就变得顺利了。

这个过程看起来似乎很简单。那么,为什么大多数离婚案件都会持续一年多,甚至在披露了双方的财务状况之后依然如此呢?这是因为离婚双方陷入了"是或否"的思维模式,没有思考除了自己想要的东西还有什么是应该争取的,或者为什么认为对方不配得到他想要的东西。

在前面的章节中,我们分析了对方行为背后的其他合理解释,并学习了如何得到最好的结果和最坏的结果,两者都是打开中立空间的好方法。在这个基础上,你将能够做好充分倾听的准备。然而,倾听不仅仅是对彼此表达出来的话语的感知,尤其是当它与我们对当下冲突的情绪处理有关时,你还需要留意非语言部分。在本章中,你将学到一些神奇的解决冲突的技巧,进而从最难以化解的争论中解脱出来。

就像丽塔一样,你花了太多时间捍卫自己的立场,即执着于"是什么"而非"为什么"。例如,你好像只是希望在每周的约会之夜去一家高级餐厅用餐。这种立场对应的是"是什么",而你实际上真正应该关注的是"为什么"。"为什么"是指我们需要增加与伴侣之间的亲密感,需要感觉自己很特别,需要从养育孩子的任务中解脱出来,换个环境,与自己建立联系,等等。

不管你在为什么吵架,要想解决问题,都需要了解吵架行为背后的情绪。这是因为我们的情绪几乎决定一切。当冲突发生时,人的情绪大脑会把理性大脑踢到一旁。

大多数时候,我们任由情绪占据上风,执着地纠结于问题的"是什么"部分,而忽略了我们"为什么"会以某种方式去看待问题。一方面,问题的"是什么"部分对应我们想要什么,这通常是未经深思的下意识的要求。另一方面,问题的"为什么"部分对应需求背后的原因。也就是说,**要解决问题,必须先解决需求,再解决要求**。我曾经参与处理过这样一个案件:一位母亲试图拒绝前夫让他们的女儿留在他家中过夜的要求,仅仅因为他不会扎头发。虽然女儿的头发可能确实很重要,但这个问题本可以通过很多其他方式来解决,包括教女儿自己扎头发。但在那个案件中,真正的问题是,在女儿和前夫相处的时间里,母亲会因为思念孩子而悲伤。只有在详细讨论了其背

04 要思考"为什么",更要关注"是什么"

后的"为什么"之后,这位母亲才意识到她的立场背后的情感因素。在这个基础上,我们解决了冲突,并做出一个让每个人都满意的育儿计划。

你可能"想要"在银行有 300 万美元存款,但你的"需求"其实是要准备好你的孩子上大学的费用。如果此时你突然得到了一大笔钱,你的需求就会得到满足,就不会再为支付不起孩子的大学学费而焦虑,你的整体幸福感可能会因此提升。当然,你可能仍然想要 300 万美元,但当需求得到满足后,就不会为得到那 300 万美元而煞费苦心了。

有意思的是,有时候满足一种需求也能满足一种欲望。例如,你可能希望孩子感激你的付出,于是希望他尊重你。当他尊重你时,你很可能就会感到满意。一旦你内化了"欲望"和"需求"之间的重要差异,在任何情况下都能获得最好的结果。而且,在任何问题的谈判中,理解这一点都至关重要,所以我要再重复一遍:在你解决"是什么"(欲望)之前,需要明白"为什么"(需求)。理解了两者之间的核心区别,你就能更灵活地解决任何问题。

尽管混淆"是什么"和"为什么"会造成严重的后果,但其实我们每天都在这么做。**我们谈论、思考和渴望得到自己想**

要的东西，却不考虑想要的原因。当回答了"为什么"这个问题时，需求就得到释放，这是我们可以按自己的意愿与他人达成共识的时刻。只有倾听自己和他人的心声，我们才能摆脱根深蒂固的立场，在双方的"为什么"之间找到共同点。如果你对自己的动机有了更深入的了解，就会发现其实很多冲突都是可避免的。而且，当无意义的争吵消失，你们的关系也会变得更融洽。

当你知道自己为什么想要某样东西时，就能更有效地提出要求。而且，当你将关注点放在"为什么"上时，你引发的冲突可能会减少，获得的回报和满足感会增加。这是因为当你清楚地知道自己为什么想要某样东西时，你会倾向于从对方更容易让步的一个角度提出要求。这样一来，你在表达情绪或需求（比如感到恐惧或渴望平静）时，更容易让对方放下防御心理。你会发现对方更有可能灵活地处理能够满足你需求的选项。这时，你可能会发现你们进入了"解决问题"模式，而不是"战斗"模式。而当冲突双方陷入关于立场的辩论时，他们会倾向于捍卫自己的立场，并从一开始就排斥任何进行合理谈判的机会。当你明白无休止的争论循环的根源其实是潜在的需求时，就能够与他人以及自己进行更有效的对话。

一种说明"是什么"和"为什么"原则的方法是使用"橙

04 要思考"为什么",更要关注"是什么"

子寓言"。三位厨师正在进行限时比赛,时间已经不多了,其中两位厨师都需要一个橙子来完成他们的美食,而当时只有一个橙子。他们决定妥协,每人各拿了半个橙子。但实际上,一位厨师需要的是橙汁,另一位需要的是果皮。而把橙子切成两半,谁都没有得到自己需要的全部东西。第三位厨师则需要一个柠檬作为食材,最终她赢得了比赛,因为她得到了做蛋挞需要的全部材料。如果前两位厨师能够就他们为什么需要橙子进行一次快速而有意义的对话,而不只是专注于自己想要什么,结果可能就会不一样。"橙子寓言"告诉我们,要问问自己这个你渴望拥有的东西有多重要,以及对其他人来说是否同样重要。

这种简单的思维转变效果极佳,你可以试着在日常生活中探究"我为什么在乎"。这做起来非常简单。

为什么在乎,清楚地表达对问题的情感需求

这种探究能帮助我快速判断是否值得爆发冲突。当我在工作和家庭中遇到冲突时,就会探究"我为什么在乎"。它帮助我重新集中注意力,找到事情发生的根源,而不是把时间浪费在无用的争论循环上。这种探究也能帮助你把注意力转移到有效识别和表达你的"为什么"上。

与生命中重要的人好好相处　THE SECRET TO GETTING ALONG

我曾经与詹姆斯和南希一起工作，他俩觉得儿子凯尔的老师不喜欢凯尔，并且在遵守课堂纪律方面对他的要求过于严格。詹姆斯和南希最初的立场是想让凯尔不再上这位老师的课，但我向他们解释，这种想法既不可行，又不是最佳解决方案。相反，我让他们参与了"我为什么在乎"的探究。通过让南希和詹姆斯问自己关注凯尔在学校的哪些方面，然后很自然地得到了一个与此前不同且更真诚的答案，那就是他们希望凯尔在学校里学习知识、获得成长，同时也能感受到快乐。因此，虽然詹姆斯和南希对这位老师有共同的不满，这让他们产生共鸣和认同感，但他们也意识到，仅仅表现这种不满并不能帮助凯尔在学校中茁壮成长。

找出原因，才能真正地解决问题。与其坚守一个可能站不住脚的立场，不如问问自己真正在乎什么。在这个基础上，我们可以达成妥协，这其中便包括解决根本问题所需的具体解决方案。与其认为对方才是问题的关键，我们或许可以试着让对方成为解决方案的一部分。詹姆斯和南希其实可以向老师提出一系列请求，比如请她在凯尔不按顺序发言的时候轻拍他的肩膀，而不是当众训斥他。

当陷入冲突时，我们需要清楚地表达并接纳我们对这件事的情感需求，而不是指责他人，这样我们才能做出更好的反应。

04　要思考"为什么",更要关注"是什么"

因为我们都希望被倾听,而回应我们的人也希望被倾听。**只有当我们从困住自己的立场转向挖掘自身的感受时,才能得到自己真正渴望的情感支持。**接纳自己的情绪会产生强大的力量,帮助我们找到并实施解决方案。

只要有人听到我们的声音,即使他们只是以中立的态度去倾听,也能极大地缓解我们的情绪反应——它可以结束一个人在没有被看到或听到时感受到的非常真实的痛苦。[2] 如果你很难弄清楚你的"为什么",而与你产生冲突的人也没有提供你想要的满足感,那么,请与治疗师、教练或朋友谈一谈并表达你的需求。这对你本人和对解决问题都会非常有帮助。作为美国的一名离婚律师,我发现,即使法律上并没有因为遭遇背叛就能获得更慷慨的和解方案的条款依据,人们往往依然希望自己的心声有一天可以在法庭上被人倾听。但从结果上看,即使他们赢了,庭审过程也常常没法给他们带来情感上的满足,因为庭审关注的是"是什么",而不是"为什么"。

在法庭上,法官会根据法律和具有法律意义的事实,或多或少地做一个方程来"判案解题"。而你的感觉如何,或者伴侣是否背叛了你,这些对最终的财产分配几乎没有影响。这听起来可能让人难以接受,但事实就是这样。这也是为什么在通常情况下,即使庭审结果使客户的物质需求、经济需求或其他方面的需求得到了满足，但他们在情感上的需求依然没有得到满足。很多时候，产生如此多冲突的根本原因在于，人们在情感上被人倾听的需求没有得到满足。

找出我们努力追求的结果背后的潜在动机，也就是探究"我为什么在乎"，有助于找到替代方案，并最终帮助我们找到更令人满意的解决方案。而且，这种探究也能帮助我们更深入地了解是什么促使我们用情感上、经济上、精神上、身体上或其他方面的不利方式来应对一些情况。

对"为什么"的探究能带来奇迹，能建立友谊，能帮助我们做出明智的决定。倾听自己和他人的心声，问问自己"我为什么在乎"，就可以满足无数的情感需求。

给"为什么"列一个清单

有一个很好的方法可以让你明确自己渴望拥有某些东西背后的原因，那就是列出一个清单。如果你担心自己会错过某个想要的东西，那你更应该这样做。站在中立的空间观察这个清单，你会发现是什么真正在驱使自己的欲望。

04　要思考"为什么",更要关注"是什么"

离开城市生活多年以后,我感觉自己和年幼的孩子们连接得太过紧密,因此我开始抱怨自己错过了很多其他东西。我开始怀念旅行带来的刺激和冒险,渴望纽约那充满活力和多样性、艺术氛围浓厚、壮志在胸和不暴露身份的生活。我想念我的那些朋友和家人,于是变得很不开心,但我也知道自己不想再一次彻底改变我们的生活轨迹。

我知道我的生物学博士丈夫很难在市中心找到令人满意的工作。另外,我也不确定我的家庭能否逐渐适应这种生活环境的改变。因为一家人住在城市,比起只有我一个人过简单的生活,成本要高得多,社交也复杂得多。话虽如此,我仍然非常想回到城市。因为我觉得自己完全被困住了,而且没有前进的动力。

就在那时,我决定真正走进自己的内心,用自己的方法去弄清楚自己的"为什么"。开始这样做时,我便将那些已经错过的东西带入现在的生活。你也可以做同样的事情,这很简单,而且真的很有效!

我是这样做的。

首先,我列出了自己错过的东西:

与生命中重要的人好好相处 THE SECRET TO GETTING ALONG

- 旅行；
- 旺盛的精力；
- 多样性；
- 不暴露身份；
- 艺术氛围浓厚；
- 朋友和家人。

接下来，我列出了因为没有这些东西而错过的东西：

- 旅行＝世界性；
- 多样性＝更丰富的生活；
- 艺术氛围浓厚＝美和灵感；
- 旺盛的精力＝动力；
- 不暴露身份＝自由；
- 朋友和家人＝连接。

我靠在椅背上，开始倾听自己的"为什么"。我听到的是，自己被困在了新的家乡，受到了限制。我有严重的FOMO[①]。但搬回城市并不是解决这个潜在问题的唯一办法。如果我能够使

[①] FOMO，全称为 Fear of Missing Out（错失恐惧症），是一个网络流行语，特指总在担心失去或错过某些东西的焦虑心情。——译者注

04 要思考"为什么",更要关注"是什么"

用一些灵活的思维和创造力,或许就能以一种从未想过的方式调整目前的生活状态,前提是我不被困在"是或否"的思维模式中。首先,我雇用了一位在多个国家生活过的女士做保姆,她为我制作了世界各地的美食,分享了不同地区的文化。这满足了我对文化多样性的需求。然后,我下了更大的决心,付出了更多努力,那就是拓展并融入当地的艺术圈,建立了更多样的联系。这满足了我对美和灵感的需求。我也更加有意识地去拜访远方的朋友和亲戚,这加深了我与那些生命中重要的人的连接。后来,等孩子们稍微长大一点,我写了一本很久以前就打算写的书,开辟了一条全新的冒险之路,同时也给了自己一个经常往返纽约的理由,这样我就可以定期享受这座城市带给我的美好。

令人难以置信的是,找到"为什么"有助于创造性地解决问题。因此我再一次鼓励你买一个喜欢的日记本,并开始尝试写日记。回顾过去几年中自己的进步和人际关系的发展是一件令人满意的事情。

找到他人的"是什么"

在某些情况下,即使我们已经探索了自己的"为什么",但与我们发生冲突的人仍然固守着自己的立场,或者依然仅仅关注"是什么"。在这种情况下，我们必须使用在第3章中学到的倾听技巧，为他们的立场（需求或"为什么"）找到合理的解释。

为了发现对方真正想要的东西背后的"为什么"，你可能需要从"是什么"的背后找出答案。例如，也许你的员工认为自己必须拥有一个新的头衔（也就是"是什么"），但在你的公司里，要通过这项提案简直困难重重，也就是说，从你的角度来看，很难满足员工的需求。

但如果你确实重视这位员工，那就不要直接无视他的要求，你可以考虑问他一些温和的问题，比如为什么想要这个新头衔。**通过探索"为什么"，找到"是什么"或"想要"背后的需求，你很可能会发现他只是需要更多尊重、认可或其他无形的东西。**在这种情况下，你可以为他组织一次午餐聚会或在颁奖典礼上向他颁发奖牌，从而满足这位员工希望得到尊重的需求，而这种方式对你来说也更可行。

现在让我们来看看希拉里和西蒙的"为什么"，或许这原本也能让她们更好地互相理解。西蒙对希拉里的行为感到很生气，因为她认为希拉里不真诚。但如果西蒙花点时间思考一下，为什么希拉里没有与自己分享担

04 要思考"为什么",更要关注"是什么"

忧就逃避签订租约,可能就会意识到,希拉里是一个倾向于取悦他人的人,为了不让西蒙失望,希拉里会口头答应一些事情。同样,希拉里也可能会意识到,西蒙想扩大经营的动力来自她和母亲不确定的经济前景。希拉里本可以倾听西蒙的目标是什么,也就是西蒙为什么想要将沙龙搬到新的地方,然后就为什么新地方对她有用或没用展开对话。希拉里原本可以改变自己的行为,搁置放弃租约的话题,将注意力放在两人如何相互支持,从而实现更大的目标上。在这样的情况下,希拉里就不会因为西蒙的主导行为感觉自己被牵着鼻子走,而西蒙也不会因为希拉里的回避而感到恼火。她们或许可以有更多共情,从而开启一场更有意义的对话。

在重要的关系中,比如在与伴侣或密友的关系中,让彼此理解"是什么"和"为什么"的区别是很有必要的。但通常情况下,我们要让其他人理解,甚至要求他们通过这个视角来看待冲突可能并不可行。我们能做好的事情就是认真权衡其他合理的解释,然后告诉自己一个更有利的故事,从而更好地理解为什么事情会以这样的方式发生。基于这个故事,我们可以用一种满足他人最深层需求的方式做出回应,并由此创造机会,为彼此找到更大的和平相处的空间。

灵活思考，改变僵化的思维

要注意避免拘泥于某种方式来思考或做事。随着年龄的增长，人们的思维方式往往变得僵化，但这并不意味着无法改变主意。当然，正如第 2 章提到的，我们无法一夜之间就改变看待自己以及周围世界的方式。然而，通过培养新的思维模式，老狗也能学会新把戏。僵化的思维会妨碍我们做出合理的决定。随着年龄的增长，我们更加需要灵活地思考[3]，因为思维定式常常会妨碍自己做出合理的决定。[4]

思维模式影响着我们的思考方式，从而影响行为方式。我们会了解到自己的意愿，即动机，以及我们在冲突中扮演的角色，都是由自身的思维模式决定的。我喜欢让自己的思想变得开放。举个例子，如今人们听到的关于性别流动性的话题比以往任何时候都要多。我的孩子给了我重要的，有时甚至是痛苦的教育，他们迅速教会了我去挑战自己对男性和女性定义的固有认知。我曾经用一种纯粹的二元思维模式来理解性别，这种思维模式基于僵化的历史思维。但随着时间的推移，我重新调整了自己的观点，意识到自己理解性别的方式并不"正确"，只是一种根深蒂固、未经检验的方式而已。这件事让我明白，我曾经一直在通过一个非常有限的视角看待"性别"这项议题。

04　要思考"为什么",更要关注"是什么"

改变自己的思维模型和行为习惯需要边学习边实践。就像学习一项新技能最好的方式是重复一样,改变习惯和重新定义观点也是如此。这种转变以每时每刻都在发生的微小转变为基础,当这些微小转变改变了你的行为习惯时,这种转变自然就发生了。一开始,这可能是一个有意识的决定。然而,通过足够多的重复,我们就可以内化这些新的想法和行为,让它们成为自然反应。学习不是一个线性的过程,不是说当我们达到想要的效果时,学习就结束了。学习是一个在生活和人际关系中持续进行的过程。随着我们越来越了解自己、周围的人以及与他们的关系,自身的想法、行为和需求可能会发生变化。于是,我们的态度和思维模式也会改变,并反映在成长中。

在卡罗尔·德韦克(Carol Dweck)的书《终身成长:重新定义成功的思维模式》(*Mindset: The New Psychology of Success: How We Can Learn to Fulfill Our Potential*)中,其标题里的动词"学习"(learn)特别引人注目。在书中,德韦克假设人们会无意识地以一种特定的方式来思考、反应和行动。根据德韦克的观点,人们可以改变自己的思维模式和行为习惯,也可以改变自己无意识的思维模式。

我和米奇刚结婚时,我想要把自己单一的需求和身份从"我必须生活在城市"和"我是一个城里人"直接转变为"我

与生命中重要的人好好相处　THE SECRET TO GETTING ALONG

是一个需要变化、不暴露身份并且能够冒险、与朋友保持联系和需要灵感的人"。我了解这一点以后，对搬到城市的执念就没那么强了，我开始探索更具有可行性的选择，从而使家庭和人际关系免受太多影响。当你用这个方式观察和思考，可能也会开始重新审视自己在生活中的位置，或者在不良人际关系中的位置。一旦你明白了"为什么"，就可以重新开始思考"是什么"。当你开始更多地关注自身动机和需求时，就会发现一个全新的可能性清单在逐渐展开。

虽然上述内容的主题是倾听你内心的声音和周围人的声音，但要记得，始终保持愿景清晰同样重要。

05

探索你的内心故事，改善人际关系

现在你已经意识到认清自己在冲突中所扮演角色的重要性，这时，就可以开始使用这个新学到的倾听技巧，继续深入探索内心故事。

当我遇到菲奥娜和索菲娅时，她们都只有6岁。菲奥娜喜欢阅读、写作和铺床，自从4岁时学会写字以来，就一直保持写日记的习惯。她有很强的观察能力和自我意识。她说，长大后，想成为"社会地位高的人，比如医生"。当她拜访亲戚或父母的朋友时，父母期望她给每个人一个拥抱或亲吻来表达问候。后来，父母又期望她与最具吸引力的"酷"孩子们交往。父母一直告诫她不要读那么多书，并鼓励她把衣服和玩具而不是书作为礼物送给朋友们。菲奥娜的学习成绩很好，但每当她花大量时间阅读、学习时，就会换来父母的白眼。

与生命中重要的人好好相处 THE SECRET TO GETTING ALONG

索菲娅是一名崭露头角的"艺术家",笑容可掬,异想天开。她又天真又爱玩,和其他孩子相处得很好。朋友们都认为索菲娅是一个独特而有趣的人。大家鼓励她表达自己的愿望,畅所欲言且不用取悦他人。当菲奥娜和索菲娅在6岁相遇时,她们的互动非常热烈,一起玩了好几小时以后才各自回家。看着两人一起玩耍的样子,我不禁想,两人在家里接收的不同信息可能会影响她们对自己以及对周围世界的看法,我也想知道家庭环境和两人接收的信息会对各自的内心故事产生怎样的影响。

人的内心故事就像个人信息系统。[1] 它会保存所有你观察过、听过和思考过的信息。它会帮助你做决策[2],包括快决策和慢决策[3]。这两种类型的决策依赖你的内心故事,尤其是快决策。因此,你甚至在没有意识到思考过程的情况下就做出了决策。内心故事在很大程度上决定了你如何看待自己,以及如何与周围世界互动。

你可能听过这样一句话:"不要相信你认为的一切。"在本章中,你将发现,通过倾听内心故事,人们可以准确地指出这些故事对自己的人生产生了哪些积极影响和消极影响。**你会发现,当你注意内心故事时,就可以通过改变习惯探索内心故事,并进一步改善人际关系。**

05　探索你的内心故事，改善人际关系

　　了解内心故事是与他人相处的一个重要部分，因为这样做会让你了解自己在周围世界中的位置，以及在冲突中该如何看待自己。用开放的中立空间倾听自己的内心故事，清楚地了解自己在冲突中的角色，并拥抱成长型思维模式，你就可以将这些内心故事转变成更好的故事，即一个与目标和愿望一致的故事。

　　内心故事是过往经历逐渐积累形成的。当我们想要了解周围发生的事情时，内心故事就会开始主导这个过程。有时，内心故事是在无意识的情况下形成的。有时，它们用一种价值中立、不带偏见的方式来解释周围世界。有时，它们保护我们免受猛烈的负面情绪的影响。在很大程度上，人们的整个存在状态是由自己的内心故事塑造的。不过，大多数时候，当我们明白了它们是什么，就可以开始用新的眼光看待自己以及所处的环境。

　　马尔科姆·格拉德威尔（Malcolm Gladwell）在《异类》（*Outliers*）一书中指出，环境对人们长大后的成就有着巨大的影响。[4] 此外，在《逆转》（*David and Goliath*）中，格拉德威尔继续挑战我们对障碍和劣势的看法。[5] 我们先后从父母和同龄人那里接收的信息，深刻影响着对自身以及周围世界的看法。索菲娅从小就从他人那里接收自己很有能力的信息，并被

鼓励说出自己的想法。而菲奥娜则被要求不要在智慧探索和表达上投入太多精力，而要专注于讨人喜欢、酷，以及与他人的相处。格拉德威尔的理论预测了每个女孩的内心故事，并且不同的内心故事将引导她们在以后的生活中取得不同的成就。

索菲娅养成了强大的控制力和自信心，她很有信心成为"宇宙之王级"的电影制作人。菲奥娜后来成为一名非常成功的编辑，但缺乏安全感，很在意外表和是否受欢迎。因此，我们的内心故事会成为一个根深蒂固的循环，影响人们看待自己以及与周围世界互动的方式。

正如我们在菲奥娜和索菲娅身上看到的那样，我们的内心故事由父母、朋友、家人和老师在我们小的时候便开始共同塑造。而我们当下与他人互动的方式又会强化内心故事，于是，人们的生活最终成为其内心故事。虽然这种反馈循环听起来会产生消极的影响，但好消息是，我们有强大的能力，可以在生活中的任何时候改变内心故事。[6]

内心故事决定看待冲突的方式

我丈夫米奇是家中 4 个孩子里最小的。他还是个孩子的时

05　探索你的内心故事，改善人际关系

候，虽然知道自己的兄弟姐妹都爱自己，但仍不可避免地产生经常被他们使唤的感觉。他不喜欢别人对他颐指气使，随着时间的积累，他形成了一种快速反应，去遏制任何让他感觉对方在发号施令的事情。

接下来说说我和米奇。我们结婚后，我给米奇讲了我和弟弟小时候一起玩游戏的故事。跟我们一起玩游戏的还有另外一对姐弟，他们的年龄与我们相仿。游戏的名字是"王后和仆人"。那个姐姐和我扮演王后，两个弟弟扮演仆人。我讲这个故事只是想告诉米奇，当他觉得自己在被我指挥的时候，我很快就会意识到他不是仆人，我也不是王后。我的童年故事与米奇的内心故事正好相反，米奇认为他不能也不愿意被人使唤。[7] 事情的更复杂之处在于我内心的想法是，如果我想把事情做好，与其被动等待或者抱怨，不如由我负起全责，主导事情的发展。结果，当我和米奇的内心故事发生碰撞时，火药桶就被点燃了。

人们在思考自己的生活时，通常会关注自己做了什么、认识谁、住在哪里、拥有什么等外部因素。虽然我们可能会将积极或消极的自我价值与这些因素松散地联系起来，但它们其实都不能真正定义我们在最核心的层面对自己的认识。我们的内心故事决定了自己如何看待生活中的每一次冲突。米奇的兄弟姐妹教他做事的理由可能非常充分，因为他是家里的老幺，而他们当时都是青少年，而这段经历最终又成为塑造米奇个性的一部分。当我知道了米奇的这部分经历时，虽然我仍然认为自己可以独自做决策，但很快学会了尽最大努力让米奇参与决策。问题是，大多数时候，我们只是过着自己的每一天，简单地互动、生活，却没有检查生活传递给自己的信息。但最终，内心故事会影响我们对他人的反应和回应。

关于"我是谁"的内心故事一直指引着我们在世界上做的每一件事，比如买什么东西、投票给谁、如何分配空闲时间和资源。在今天的社会环境下，人们经常感觉受到了评判。即便我们只是在表达自己的观点，也会被误认为是对他人的评判。只有了解了人们之间是如何相处的，才能开始与持有不同观点的人建立沟通的桥梁。这个过程的一个重要部分就是分析内心故事，了解它正在如何以有意识和无意识的方式向周围的世界进行自我表达。

认真倾听自己的内心故事，可以赋予我们摆脱冲突的强大力量。当然，人的部分行为方式根植于基因中，这可能是很难消除的部分。[8] 不过，行为主要源于先天还是源于后天的争论一直很激烈，到目前为止还没有定论。然而，随着科学家对基因如何相互作用有了更深入的研究，总有一天我们会了解哪些

05　探索你的内心故事，改善人际关系

特征实际上根植于人的基因中。

为了达成对话，此处的假设是，至少从某种程度上来说，大多数行为都是后天习得的，所以可以通过有意识地应用我们讨论过的策略来改变这些行为。大多数情况下，人们都有能力对行为进行微调，至少在解决冲突和与他人友好相处的问题上，可以有所作为。我认为，与他人友好相处很重要，因为它能让我们生活得更顺利，也使事情变得更容易处理。

创造积极的内心故事，让好结果成为现实

让我告诉你一些关于我朋友玛迪的事。玛迪和埃拉在一家著名建筑公司的同一个团队工作。从外界的各种评价来看，她俩在这家公司都取得了一定成就。但从玛迪的角度来看，她们的工作关系其实很紧张，因为她不喜欢埃拉"给人的感觉"。

我给玛迪分析了她和埃拉的关系，希望能消除她的困扰。在我们的谈话中，她提到的第一件事就是埃拉穿着鲁布托高跟鞋趾高气扬地走来走去，"好像她是这个地方的主人"。更让玛迪抓狂的是，尽管她的业绩表现都比埃拉好，但埃拉的设计师款着装和海滩别墅获得了管理层的所有关注。每当玛迪和埃拉

与生命中重要的人好好相处　THE SECRET TO GETTING ALONG

在一起时，玛迪都会觉得自己"比不上"埃拉，因此忍不住批评埃拉太爱"卖弄"。尽管玛迪承认，埃拉实际上既热情又风趣，但她从来没有把埃拉纳入自己的社交圈。

客观地说，玛迪知道自己与埃拉的职位和薪水完全一样，但只要和埃拉在一起，就会感到愤怒和不安。但我看得出来，她们的关系中存在的问题实际上并不是埃拉导致的。当玛迪开始倾听并注意到自己是如何在她们之间的互动中发挥作用时，就能意识到每当自己感到不安全时，就会表现出敌对、防御的态度。

我已经了解到尽管玛迪的经济状况一天比一天好，但她依然认为自己手头拮据，而且她的穿衣风格也很保守。我向玛迪展示了她的内心故事如何塑造了她的低自我价值感，又如何使她与埃拉的互动变得紧张。

当我让玛迪意识到她自我挫败的内心故事时，她就有机会重新塑造内心故事。她开始意识到自己有能力去重塑她和埃拉的关系。她也意识到，自己根本不知道埃拉的内心故事到底是怎样的。然后我指出，埃拉如此注重社交的一个合理解释是她热爱社交，而不是想巴结谁，并且这丝毫不会削弱玛迪取得的成就。另一个合理的解释可能是，埃拉其实在试图弥补自己内心深处的不安全感。当玛迪调整了对埃拉的看法,并接纳了这些解释时,就能够开始参与自己感兴趣的项目,即使这意味着将与埃拉有更密切合作,玛迪的防御心理也不那么强了。

通过接纳自己的内心故事并重塑它,让它更好地为你服务,你可以从根本上改变与他人互动的方式,就像玛迪对埃拉做的那样。**塑造一个更积极的内心故事,会让你更容易对他人的言语和行为做出中立的解释,从而创造更大的机会,让"最好的结果"成为现实。**

学会理解自己的内心故事

很多时候我们的情绪会被其他人的行为引发,是因为双方的内心故事发生了激烈的碰撞,就像我丈夫米奇被颐指气使的内心故事和我掌控局面的内心故事会引发激烈的冲突一样。

这种情况经常出现。在我小时候,有一次我认识了一个新朋友,她却拒绝把我介绍给她的其他朋友。她住在一个比较高档的社区,我觉得她可能是因为我不够有钱,所以不想把我介绍给其他人。即使在当时,我其实也明白这种猜测很荒谬,但这就是我告诉自己的内心故事。而实际上,她曾多次被亲密的朋友抛弃。经她介绍认识的那些人反倒相处融洽，经常一起玩，却把她晾在一边。她确实不想把我介绍给其他朋友，但并不是因为我不够有钱，而是她担心要么我会"偷走"她的朋友，要么我会被他们"偷走"。

她做出的决定源于内心的恐惧，她的做法是合理的，但由于我自己的内心故事很消极，对她的意图做出了荒谬的推测。

为了了解内心故事，你需要问自己一些问题。这些问题是关于你如何看待自己与周围世界的关系的，它们会对你很有帮助。以下是你深入探索内心故事时需要思考的几个方面。

你需要用1分到5分进行打分，1分表示"从不"，5分表示"总是"。冲突往往源于相互矛盾的看待自己的方式，比如下面这些：

- 我通情达理。
- 我很可爱。
- 我有好朋友。
- 我是一个好的倾听者。
- 我注重细节。
- 我能完成工作。

- 我对他人十分负责,我会把自己的想法和承诺贯彻到底。
- 只要我下定决心做某件事,我就能完成。
- 我精力充沛。
- 我意志坚强。
- 我喜欢运动。
- 我有激情或浓烈的兴趣。
- 我很有创造力。
- 我善于分析。
- 我很时尚。
- 我很有趣。
- 我很可靠。
- 我很有影响力。
- 我能把事情做好。
- 我很健康。
- 我很守时。

你可以将上面这个清单作为一个起点,在此基础上思考你是如何看待自己的。想想那些与你互动或产生冲突的人,他们对你的看法和他们对自己的看法可能是不同的。这个练习的目标很简单,就是透过争吵的表象,了解事情的本质。

内心故事如何解释自己的生活

要发现内心故事，就要观察生活中的各个方面，思考你的内心故事是如何解释自己的生活的。这个工具对自我探索非常有帮助，也有助于弄清楚为什么某些关系特别难以处理。在下面的每一个类别中，针对你在人际关系、经历和环境中的快乐程度用1分到10分打分。要留意得分在7分或7分以下的方面，因为这些方面很可能引发冲突。

思考一下你在以下20个基本类别中的人际关系或感受。下面这些清单项都是为了帮助你思考你对生活的感受而列出的，你可以在此基础上加以补充：

- 你自己；
- 你的伴侣或前任伴侣；
- 你的孩子和继子女；
- 你的童年；
- 你的大家庭；
- 你的同事；
- 你的朋友（或者你建立和维持友谊的能力）；
- 你的职业／工作（以及它对你的影响）；
- 你的亲密关系；

05　探索你的内心故事，改善人际关系

- 你的环境（室内和室外）；
- 你的金钱 / 经济稳定性；
- 你的心理健康和幸福；
- 你的生理健康（身材 / 饮食 / 运动习惯 / 睡眠质量）；
- 你的心理健康 / 情感安全；
- 你的时间管理；
- 你的物理空间 / 住房 / 社区；
- 你对过去或未来的关注程度；
- 你的灵活性（在家和工作时）；
- 你想要改变的个性特征（变得柔和、尖锐等）；
- 你的教育 / 事业。

对于任何一个为 7 分或低于 7 分的项，你都要问问自己产生这种感觉的根本原因是什么。很多时候，我们其实被困在源于过去而非现在的情感中。例如，你可能有很多钱，但在成长过程中，由于经济困难，一直认为自己很穷，所以你依然生活在焦虑的状态下，即使现在已经不需要为经济情况感到焦虑，你也很难控制自己。在这种情况下，你需要看到内心故事，然后不要让它困扰你。如果你不知道自己为什么会有这样的感觉也没关系，可以在没找出原因的情况下重新审视自己的观点，也可以直接进入练习的下一部分。

与生命中重要的人好好相处　THE SECRET TO GETTING ALONG

　　这个练习的下一部分，是准确地写出每个类别的当下故事或环境令你感到不满意的地方，然后按照你想要的方式重写它。想象一下，如果每个类别的得分都是 10 分，那么你的生活、你自己会是什么样子？想象你正在像自己向往的那样生活和存在，然后去想象生活在 10 分状态下的感觉。选择生活中影响最大的那个类别，思考可以采取哪些小的行动来改变自己的能量，让能量与你想要的感觉一致。

　　要注意的是，想象完美的自己和生活并不能带走创伤、痛苦或贫穷。虽然这可能会让你看到一线希望——如果你给自己的生活打了一个相对高分的话，但也可能是时候向治疗师寻求专业帮助了，他们可以帮助你解决当下的问题。另外，注意哪些方面让你感到满意同样重要，甚至比留意生活的哪些方面还有改进的空间更重要。对于得分不太理想的类别，思考一下自己有能力做出小改变的地方。就像习惯一样，随着时间的积累，有规律的小改变会让你的思想、决定和最终的行为发生巨大变化。当你改变自己的思维方式时，经验也会随之改变。

　　为什么要这样自我反省呢？通常情况下，我们在自己的生活环境中越放松，与他人就能相处得越好。当我们的自我意识变得更加明确时，就不那么在意与他人的互动结果了。而且有趣的是，内心越有安全感，就越能灵活地对待他人的观点。[9]

我们更有可能以自己看待事物的方式为基础，更好地倾听他人真正要表达的内容，而不是觉得对方在针对自己。

剖析并重塑内心故事，从根本上化解困境

你可以从头开始剖析并重塑内心故事，然后从根本上化解困境。要记住，你随时可以给自己讲一个更好的内心故事，即一个更富有同情心也更具包容性的内心故事。每隔一段时间，你可能就会发现自己处在一个令人沮丧的情况里，会感觉自己似乎永远无法摆脱这样的生活。当这种情况发生时，有一个很好的倾听练习可以帮助你了解自己内心的想法。我很喜欢这个练习。当你不太明白为什么自己会有这样的反应时，会发现这个练习尤其有用。

首先，准确地写下当时的情况以及你的感受，你得要求自己至少找到 10 个形容词来描述感受。其次，写下自己的内心正在讲述的故事。最后，要求自己思考其他合理的解释。正如第 4 章提到的那样，你应该尝试从其他角度思考这种情况的成因。

假设你正试图向丈夫解释自己认为应该如何改善你们财务

状况，而他打断了你，并且误解了你说的话。写下你的所有感受，比如心烦、生气、沮丧、不安、绝望、不满、恼怒和激动等。

接下来，写下"表面的"内心故事。"表面的"内心故事和"深层的"内心故事是有区别的。"表面的"内心故事是别人看到的和你能意识到的思维方式。而"深层的"内心故事就是世界观，是我们一直在告诉自己的故事。态度，也就是你看待事物的方式或者叫思维习惯，是由"深层的"内心故事所推动的。从表面上看，你的内心故事可能是你无法引起丈夫的注意。在童年经历的影响下，这样的内心故事很可能会导致你情绪爆发。例如，在成长过程中，你发现自己很难得到母亲的关注。于是，深层的内心故事可能是，你爱的人经常分心，你感受不到对方的关爱。

为了在这场冲突中找到其他合理的解释，要暂时将内心故事放在一边，去考虑其他更合理的解释。例如，他不想与你讨论问题，也许是因为时间不对，比如他正面临一项工作的截止日期，时间非常紧张，害怕分心。当你觉得他在争辩时，也许他只是在陈述。也就是说，当你放下内心故事时，才有可能意识到丈夫正在不同的时间框架内处理生活和工作，也正在使用不同的方式沟通。

05　探索你的内心故事，改善人际关系

虽然他做事的方式可能让你难以接受，但这并不一定意味着他故意反应迟钝，也不意味着他这么做的目的就是针对你。深呼吸，要知道，你可以通过选择耐心、专注和积极的态度得到最好的结果。然后你可以冷静地和他互动，或者问他是否可以找个更好的时间进行互动。这样一来，你不仅可以避免与丈夫发生冲突，还可以与他建立一种更能互相理解、更容易沟通的良好关系。

如何探索你的内心故事

肯定的力量：我们就是我们所想的那样

如果你感觉自己被困住了，很难弄清楚内心故事在表达什么，不妨试试一种可以控制自己的想法的好方法，那就是通过积极的肯定来重新调整自我认知。无论平时还是遇到困难的时候，这种方法都能帮到你。通常情况下，当我们注意到自己的想法时，就可以强有力地将生活和人际关系推向积极的方向。不过，如果你认为自己或所爱之人正在遭遇心理健康方面的问题，那么专业咨询和治疗是非常必要的手段。如果问题没这么严重，那么重新调整自我认知的方法无疑是一个很好的工具。它能让许多人感觉更好，也能让个人和人际关系向前发展。

你的肯定应该是：

- 积极的；
- 具体的；
- 用现在时表述的。

你内心的肯定可以非常简单。理想情况下，你可以每天对自己重复这些肯定。你可以将下面这些简单的肯定句作为开始：

- 我很自信。
- 我很强壮。
- 我很努力。
- 我很有才华。
- 我很有价值。

重复这些肯定句将重置并重新构建你的内在思考，以及你与周围世界互动的方式。不过要注意的是，如果你正在与心理健康问题作斗争，那这些练习并不能取代心理咨询师的工作，在一些情况下，也不能取代药物治疗。有时候，心理健康问题会持续存在，会导致互动更加困难。你可能需要求助心理咨询师或心理医生，因为这样的专业帮助是非常必要的。

05　探索你的内心故事，改善人际关系

吸入平静，呼出焦虑

腹式深呼吸可以在很大程度上将你从焦虑或混乱的思维中解放出来。当你需要重新评估让自己感觉不舒服的谈话时，为新的思维方式腾出空间可以改变互动的游戏规则。而呼吸是整理思绪的好方法，这样你就可以按下暂停键，开始改变内心故事。

要进行深呼吸，你需要找一个安静的地方，关掉所有人造光源。你可以坐在椅子上，双脚着地，也可以盘腿坐在地板上。每轮呼吸分三步进行：吸气、屏气和呼气。

有意识的箱式呼吸是另一种很好的方法，可以让你忙碌的头脑慢下来，清除让人分心的噪声。它比腹式深呼吸更进一步，需要在呼气和吸气后屏住呼吸。

箱式呼吸与腹式深呼吸很相似，只不过在呼吸循环的呼气后加入了第二次屏气。坐下，最好把灯光调暗，闭上眼睛。坐下来，有规律地呼吸，感受腹部和胸部随着呼吸起伏。

然后，开始按下述步骤进行深呼吸（腹式或箱式）：

与生命中重要的人好好相处　THE SECRET TO GETTING ALONG

- 用鼻子深深地、最大限度地吸气，慢慢数到 4 或 5，感受你的肺部充满了空气。
- 吸气后屏住呼吸，再数 5 个数（也可以短一些，如果这能令你更舒服的话）。
- 慢慢地，通过噘起的嘴唇呼气，慢慢地数到 4 或 5。
- 和吸气时一样，呼气后也屏住呼吸（这是箱式呼吸的额外屏气）。
- 重复 5 次。
- 慢慢睁开眼睛。

完成后，你会注意到自己的大脑更清晰了，从而以更为开放的态度想象自己理想的内心故事。但在这里，为了重新校准内心故事，就要把呼吸练习再提升一个档次，融入积极的自我肯定。每一次吸气，你都要默默地重复积极的自我肯定（比如"我很平静"），每一次呼气，都要放下负面情绪（比如"焦虑"）。

吸入平静，呼出焦虑。自信地吸入，将不安全感呼出。

虽然这种做法不太可能在一夜之间完全改变你的内心故事，但经过几天、几周、几个月、几年的重复，你的新故事就可以覆盖那些旧故事了。记住，创造故事是为了远离令我们陷

05 探索你的内心故事，改善人际关系

入困境的情绪。[10] 举个例子，如果你被父母抛弃了，可能会认为父母是坏人。更进一步说，你可能会认为既然自己是他们的后代，就注定会像他们一样，或者可能会决定把精力花在过度补偿上——试图八面玲珑，讨每个人喜欢。但现在，你已经长大成人，试着在呼吸练习中肯定自己，这样做可以帮助你释放那些有害的故事，用更有建设性的故事取而代之。例如，你可以把令人失望的父母视为不完美的人，或者释放对冤枉你的朋友的愤怒。你可以放下过度的警惕，接纳对方。

当你意识到自己正在讲述的是什么样的故事时，就有能力去改变它们，把它们变得更好。你可以通过一个故事来改变内心的想法。而且，内心故事不仅影响我们自己，还会影响我们身边的所有人。意识到这一点能帮助我们更密切地关注自己要讲的是一个怎样的故事。

相处的秘密 THE SECRET TO GETTING ALONG

想象一下，如果希拉里和西蒙都能理解自己的内心故事，会让事情变得多么不一样。西蒙在没有丰富资源的环境中长大，对她来说，在经济上取得高水平的成功非常重要。如果她明白自己渴望成功的内在动机，也明白希拉里并没有同样的需求，西蒙可能就可以慢下来，用足够长的时间，也用更健康的方式与希拉里分开。同样，如果希拉里能意识到，西蒙的内心故事与自己的不

与生命中重要的人好好相处 THE SECRET TO GETTING ALONG

同，她们或许就可以挽救友谊。至少当她们能够开始思考自己潜在的情感动机和恐惧时，可能会显得更脆弱，反应更温和，也更有可能达成和解和共识。即使从未谈论过自己的情绪，通过自我反思，她们一生的友谊也可能得以维持。

THE SECRET TO GETTING ALONG

第三部分

暂时搁置激烈的对话

暂时搁置激烈的对话

THE SECRET TO GETTING ALONG

这部分将教你如何搁置或暂停那些最激烈的对话，包括与自己的和与他人的对话，以及这将对人际关系的发展产生哪些积极影响。将事情暂时搁置，你就有时间消化情绪，你的想法也可以有时间沉淀。在这样的情况下，你心态上的改变也会反映在外在行为上。

通过本书前两部分的内容，你已经掌握了自我反省和倾听的技巧。这会为掌握建立清晰的边界、用回应代替反应、消除与生俱来的防御心理等高阶技巧打下基础。和前面的章节一样，你将学会如何养成将这些技巧结合起来的习惯，从而在你生活中的各个领域创造持久的人际关系变化。

06

搁置和边界让你重获自由

有时少即是多，或者就像我爷爷沃尔特的观点，有些关系应该被暂时"搁置"。他曾经告诉我："永远不要抛弃任何人。只需要将他们放在'架子'上就行了。"**搁置那些一时无法改善的关系，是在冲突时期保持牢固关系的好方法**。将关系和对话搁置一段时间，既可以让事情本身尘埃落定，又可以让那些可能不重要的且永远没必要再次发生的争论消失。

例如，你的大学室友在社交媒体上发布了一张你讨厌的政客的照片以表达她对此人的支持，这简直快把你逼疯了，但即便如此，你也不一定要和她解除好友关系。你只需要休息一下，然后"将她放在架子上"，比如暂停访问她发布在社交媒体上的帖子，或者减少你们见面或交谈的频率。

有时，最好的解决办法是搁置一段关系，直到尘埃落定，但有些时候,这种搁置是无法实现的。如果是这样的话,与对方尝试进行更积极的互动的一种好方法就是围绕这种关系的特定方面划定更清晰的边界。搁置持续多久都行,它的作用是把互动置于暂停状态,直到情绪得到消解或情况有所转变。

当你在会议上感到被同事边缘化时,不要立即做出反应,你可以将这个问题暂时搁置,睡一两个好觉之后再说。在短暂的休息之后,你很可能变得更加冷静。如果你丈夫在朋友面前令你难堪,先将这件事搁置,等回家后再讨论,不要在公共场合与他争辩。将事情暂时搁置,你会得到一个更好的结果。

有时,一段感情需要搁置数年甚至数十年。举个例子,有一段时间,我与一个朋友每天都聊天。然后,在我们快 30 岁时,情况发生了变化。曾经轻松愉快、相互支持的关系开始让我感觉精疲力竭。有几次在与她交谈之后,我都感觉自己遭到了误判或者误解。事实上,这些交流同样令她感到不适,但我并不知道她也有类似的感觉。直到有一天,她打电话给我,宣布她仍然"想和我做朋友",但需要休息一下。那一刻我虽然感觉很受伤,但也如释重负。之后,我们只是偶尔联系一下,而 10 年后,我们又开始频繁联系。因为那次事件,我们的关系反而得以维持几十年。虽然我们不会时时出现在彼此的日常

06　搁置和边界让你重获自由

生活中,但在最重要的那些时刻,依然陪伴在彼此身边。她仍然是我在世界上最爱的人之一。

有时候,如果你不能搁置一段关系,也依然可以根据需要去限制互动频率、互动的情境和互动主题,设定具体的边界。边界在生活中的方方面面都很必要,你要记得,在必要的情况下,设定边界并没有什么错。例如,你年轻时可能倾向于一周中抽几个晚上和同事出去玩。但到了某个时候,出于各种各样的原因(如婚姻、孩子、瑜伽课),你的需求和愿望可能会改变。你可能仍然很喜欢你的同事,但如果你发现自己每次和同事出去玩乐时都感到情绪低落,那也许是时候做出改变了。尝试将外出的频率、外出的时间以及待到多晚清晰地确定下来。或者,当话题涉及你对办公室政治、个人关系的看法时,不要发表观点,最好留着与其他朋友分享,或者留在自己心里。也就是说,你可以减少与他们分享的内容。总而言之,搁置互动的某些片段是继续一段关系的好方法。不要认为这种做法虚伪。

你可能仍然喜欢那些因为你们的孩子年龄相近而进入你生活的"妈妈"朋友,但随着孩子逐渐长大,你们之间可能不再有那么多共同话题,你们之间的关系也变得不像以前那样令人愉快。此时,与其(对自己或别人)宣布你们不再是朋友了,不如在她们向你发出聚会邀请时找些合理的借口婉拒。比如，接到三次邀请时，你可以只接受一次，这样也可以让自己休息一下。如果你有幸很长寿，那么长期的社会关系为你带来的富足和回报是很多事情比不了的。即使当你发现相比于为自己可爱的小宝贝欣喜若狂和全力以赴，你已经不愿意与她们过多分享自己的感受了，也许你们的友谊和关系仍然值得保留。

不回应有时就是最好的回应

我的一个表姐曾在很长一段时间内，每天在Facebook上发布笑话，这些笑话每天都会出现在我的动态清单中。其内容大多是政治表情包，她认为这是好玩的"傻瓜式"笑话，但我觉得这是无礼和粗鲁的内容。我非常爱我的表姐，不想与她断绝来往，但也不希望在每天醒来时看到这些讨厌的内容。

你知道我是怎样处理这种情况的吗？与她断绝来往，拉黑她，还是打电话表明我的感受？

我知道断绝来往不是正确的选择。在我的一生中，我的这个表姐以各种各样的方式出现在我的生活中。当我还是个孩子的时候，她会带我和她的男朋友出去看电影；我上大学后，她

06　搁置和边界让你重获自由

会送我礼物。我们一起探望外祖父母，一起过圣诞节，一起享用家庭晚餐。虽然她的表情包在我看来是短视的，甚至令人讨厌，但当我评估全局后，我承认我的思维方式在她看来可能是自以为是、居高临下和错误的。在反复考虑之后，我决定点击 Facebook 上的"静音"（take a break）选项。对我来说，这是一个正确的决定。

但我做得不恰当的地方是，我打电话告诉她我这么做了。

总之，我们的对话进行得并不顺利。我也不知道自己究竟是怎么想的。我苦苦思索如何做出正确的反应，结果却打了这个根本毫无必要的电话，高高兴兴地让她知道我们的关系暂停了。其实我们住得很远，所以几个月都不说话很正常，根本就不需要我多此一举。回想起来，"静音"是对的，但把这件事告诉她就不对了。

值得庆幸的是，我们再次见面时进行了一次谈话，缓和了关系。我们明白，虽然我们永远不会对表情包持有一致的看法，但彼此仍然爱着对方，也希望融入彼此的生活。如果我当时只是悄悄地将我的动态设置为对她"静音"，她也不会知道，我们本可以避免一场毫无结果且令人不安的谈话。

与生命中重要的人好好相处　THE SECRET TO GETTING ALONG

事后看来，通过优先考虑我和表姐的完整、丰富且多元的关系，我本可以正确地看待我对她的 Facebook 帖子的不满。把我对她的爱置于我们的分歧之上，这从一开始就是一个更好的选择。随着时间的推移，我们的分歧可能就会逐渐消失。从一个毫无意义的争论循环中后退一步，而不是直接升级争论，这种搁置或暂停有着强大的力量。

就像我和我这位爱发表情包的表姐的例子一样，网络世界已经将人际冲突引入了一个巨大的雷区。

搁置如同一种舞蹈，可以让每个人都尽可能地保持初心，并让两个人都感觉依然在保持长期的联系。当你将一段关系搁置时，只要是问心无愧和出于善意的，这段关系就有可能朝着好的方向发展。当你想要搁置一段关系或一个承诺，但又不想躲着某人时，你可以考虑使用以下这些开场白：

- 我很在乎我们的关系，但我们现在的关系对我来说行不通。
- 我发自内心地觉得这家公司对我来说非常重要，但我不确定现在这个职位是否适合我。
- 非常感谢你的邀请，但我太累了，这次不参加了。
- 我真的很感激你为我所做的 / 教会我的 / 给予我的一

06　搁置和边界让你重获自由

切，我希望有一天我也能为你做同样的事情。
- 麻烦你回头找个时间再问我一次。

现在你也可以试试这样做：写下一件让你觉得自己陷进去了、被困住或其他不开心的事情。写下你要与之讨论搁置问题的人的名字，并考虑如何谨慎地落实搁置这一决定，以确保你们之间的关系之门还会敞开。写下一些充满感激的句子，为以后的交流留下余地。

明确的边界让你自由

萨莉是一名教师，她一直尽心尽力地试图为每个人做好一切。她竭尽全力取悦丈夫、孩子和朋友。上班的时候，她几乎是除了校长和管理员之外最早到学校的人，她是学校里多个委员会的负责人。在朋友圈子里，她也总是积极地为每个人服务。这种生活方式持续了很长一段时间，直到萨莉注意到自己变得很难入睡和精疲力竭。

此外，萨莉一直以来都有一个梦想，那就是为孩子们写一本烹饪书。她定下一个目标，要在35岁之前出版这本书。但生活总是在阻碍她。她觉得自己因为支持其他人而变得没有时

与生命中重要的人好好相处　THE SECRET TO GETTING ALONG

间写作"梦想之书"。不过，最令萨莉不安的是，她发现自己在对待所爱之人时表现得越来越暴躁。她的一生一直在情感上、行动上和经济上支持他人，她并没有清醒地意识到自己有多疲惫。萨莉和那么多不同的人与责任纠缠在一起，甚至没有注意到一直以来她其实都没有照顾好自己的情绪和身体。虽然她仍然每天都看上去和以前一样精神，也一直把家里打扫得一尘不染，她严格按照计划执行每一项日程，但她仍然觉得自己的生活一团糟。

萨莉对孩子和丈夫越来越暴躁。她告诉我，她最近又对丈夫发脾气了。很多次她下班回家发现床又没铺好，就会严厉地对她丈夫说："我一直付出、付出、付出，你总是索取、索取、索取，我再也受不了了。"而丈夫对她的反应感到很困惑，但萨莉并不相信他看不出来他自己哪里做错了。

接下来好几天，他们都没有与对方说话。

尽管已经有了这些警告信号，但萨莉还是和她丈夫大吵了一架。她这才意识到事情不对劲。在她38岁时，她第一次意识到她必须改变自己的生活方式，否则，她的人际关系、身体健康和心理健康都会受到影响。萨莉需要休息，但她不知道该如何给自己留出休息的空间。她把自己逼得太紧了，已经没有

06　搁置和边界让你重获自由

什么是可以继续给予他人的了。一直对他人说"是"对她来说已然成了一种诅咒。为了让自己感觉好一点，萨莉需要承认自己的局限和需求。

当我们开始认识到我们在人际关系中的情感边界，特别是注意到那些消耗精力的义务和关系时，我们可以更清楚地看到自己其实也是冲突的推手。这种对自己在冲突中所扮演角色的更清晰的认知，可以帮助我们设定清晰的边界。这也能让我们发现生活中积极一面的重要影响，从而进行更有成效的对话，并进入一个更平和的空间。即使我们与所关心之人的关系目前并不能使我们获益，这种认知也是非常有帮助的。

在家庭中、工作中和网络上，明确的边界对于健康的人际关系至关重要。边界可以通过几种方式建立。本章将探讨说"不"的价值，搁置对我们无益的关系、对话或活动，并建立避风港以确保我们的边界得到尊重。要注意的是，如果我们没有建立明确的边界，就为糟糕的关系奠定了基础。不过在大部分情况下，在冲突的任何阶段，通过在互动中建立边界，仍然有可能挽回一段关系。尽管改变心态的过程充满困难，但任何时候开始都不迟。

阅读本章时要记住，真正的改变是随着时间的积累而发生的，你需要不断观察自己，确保没有缩到旧的习惯中去。即使有时候你仍然会感到绝望，但只要继续练习设置并维持边界，就会发现你将拥有强大的力量改变你与周围世界的关系，即使你是唯一一个意识到变化正在发生的人，也要坚持下去。新生活方式会让你从周围人那里得到不同的、更有益的反馈。也就是说，要对自己有耐心，当你在为自己设定边界这件事上不断进化时，变化也会以成长曲线的节奏发生。

在设定边界这件事上，萨莉有一些障碍需要克服。首先，她必须意识到自己太随和了，她可以通过简单地说"不"来恢复生活和人际关系的平衡。[1] 其次，她需要认识到自己拥有说"不"的权利，当她开始重视自己的时间和空间时，她的内心就会更加坚定。[2] 最后，她必须学会说"不"，虽然这可能会令他人感觉不太舒服，但并不会损害她的人际关系，因此她也不必感到过于内疚。

学会说"不"，为自己留出空间

"不"是我最喜欢的词之一。对此，我知道能够说"不"是多么幸运，因为我看到很多人十分抗拒听到这个词，更别说使用它了。有很多人，尤其是女性，在成长过程中一直被灌输

06　搁置和边界让你重获自由

这样的观念，即我们需要迁就他人，拒绝他人的任何要求都是自私甚至卑鄙的表现。但是如果我们总是说"是"，会伤害自己，也不利于人际关系的发展。如果没有特别的原因和目标，总是说"是"会让人感到筋疲力尽。长此以往，它会产生有害的关系。

萨莉有个习惯，那就是她很少拒绝他人的请求。她天生就是个和蔼可亲、乐于助人的人，但有时也希望自己可以拒绝他人，比如她本不想订婚，但她太随和了，没法将"不"说出口。她有一种条件反射般的习惯，也就是习惯性地取悦他人。这种倾向在很长一段时间内让她感觉很好。但现在，她迁就别人的方式损害了自己的幸福和人际关系的发展。她知道必须做出改变了。

萨莉并不需要彻底改变自己的性格，这不现实，她只需要在处理与周围世界的关系时做出微小的改变即可。说"不"是第一步。她可以尝试与其他人共同承担家务，比如让她的丈夫承担一部分，而不是为了使房间保持整洁而独自承担打扫房间的全部工作，同时还要带着孩子四处游玩。另外，萨莉喜欢以早到单位的方式让一天步入正轨，但这也导致她被拉去做一些自己并不想做的工作。她答应了每一个委员会的邀请，参与每一项团体计划，满足任何人提出的任何要求。

她总是忙着取悦别人,却没有时间在情感上、身体上和精神上滋养自己。

留出时间照顾自己是必要的。萨莉没有时间锻炼、阅读、写烹饪书、做园艺或冥想,这让她感到自己正在变得越来越疲惫、冷漠和暴躁,她的人际关系也因此受到了影响。萨莉反思了自己在时间和精力分配上的问题后,清楚地认识到自己也是问题的一部分,于是她开始倾听自己内心真正的需要。

通过更好地建立边界,萨莉有了更多机会去提升幸福,改善与他人的关系。通过说"不",萨莉有了更多时间和精力去实现自己的愿望,从而可以将更多注意力放在自己真正关心的人和事上。萨莉由此可以创造必要的空间"给自己加满油",这样就不会因为没有什么可以给予而感到疲惫和沮丧。也因为她在与他人关系的某些方面设定了更清晰的边界,避免了这些方面原本可能导致的冲突。

萨莉找到了原因,明白了自己渴望被需要,她就能优先考虑哪些人和事是真正重要的。她为工作设定了边界,把其他不重要的人和事暂时搁置起来。萨莉学会了通过说"不"来建立更清晰的边界,很快,她开始不再那么紧张了。退出了几个无关紧要的委员会后,萨莉就将那些无益的承诺束之高阁。这样，她就能高效地处理那些重要的事情，同时也能得到休息。

当萨莉刚开始学会为自己留出空间时，那些已经习惯了听萨莉说"是"的人，会在遭到拒绝时感到被冒犯。朋友塔拉不止一次地表示，萨莉"没必要这么粗鲁"。后来，在感恩节那天，姐姐把萨莉叫到一边，问她是否还好，为什么最近表现得这么奇怪。经过一番讨论，萨莉发现，当自己试图在精神上和身体上创造"自我空间"时，也在不经意间冒犯了他人。而萨莉的目标并不是疏远他人，只是想要重新与自己建立联系。她希望生活是由自己的一系列选择组成的，而不是被别人强加给自己的一大堆要求推着向前走。幸好，通过听取并反思别人的看法，她对自己的沟通风格做了一些调整，开始尝试积极地使用"不"。关于这一点，我们很快就会讨论。这样一来，她能够在不切断与他人联系的情况下建立边界。

萨莉必须学会建立边界，也必须承认自己在中途改变了关系规则。有一部分认识的人、一起工作过的人、一起生活过的人与她相处了大半生，他们都希望她能像以前一样随和。但现在的萨莉表现得不一样了，她更加独立，甚至有些挑剔，这让一些人感到困惑，还有一些人感到愤怒。丈夫也花了一些时间才逐渐适应了萨莉的改变。随着时间的推移，其他人最终也适应了萨莉为顾及自身感受而说的"不"。

与生命中重要的人好好相处　THE SECRET TO GETTING ALONG

拥有明确的边界是创造更好的人际关系的最有力手段之一。 就像呼吸需要氧气一样，我们的人际关系也需要一点空间才能得以发展，而且一点点额外的"氧气"通常就可以让一段糟糕的人际关系得到修复。通过建立边界，我们给了人际关系喘息的空间，直到冲突消失。

如果萨莉的挣扎触动了你，那么我希望你知道你并不孤单。

对很多人来说，拒绝别人是很难的。很多人像萨莉一样，希望自己被视为和蔼可亲或善于团队合作的人。我们可能从小接受的教育就是说"不"会被视作难以相处或自私。人们可能已经收到了社会政治和文化传递的信息，表明说"不"是危险的。我们可能会与 FOMO 斗争，会觉得如果不参加某个活动就会错过很多机会，就会后悔。我们可能会答应朋友的所有要求，是因为真的很想待在自己在乎的人身边。我们说"是"可能是希望自己看起来"很好相处"或"很友善"，而说"不"可能会让人感觉"不好"。

当然，说"是"，然后继续进行一场不愉快的谈话，或者在我们不想出现的时候出现，有时是必要的。但如果我们在说"是"时一直不加思考，那么我们的精力很快就会因为过于模糊的边界而被迅速耗尽，并因此心生怨恨，觉得自己被利用

06　搁置和边界让你重获自由

了，或者觉得自己被剥削了。[3] 而且，**有时候如果要对自己说"是"，那么就需要对他人说"不"。**

乐于助人当然很好，但如果不了解自己的极限，就有可能感到疲惫、空虚和怨恨。例如，当你自愿将时间奉献给别人而不去履行自己的职责时，你就有可能在截止期限到来时未完成工作，这会导致你被视为不可靠的人。这可能会让你恼火，觉得自己一直在按照别人的时间表生活。你也有可能把自己弄得筋疲力尽，感到心烦意乱，因为你的个人目标一直无法实现。当你同意支付自己负担不起的东西时，就是在冒无法支付账单的风险，你很可能反而会因此失去信用！

无法拒绝他人的请求会让你感到焦虑、沮丧和愤怒。尽管有时候拒绝某个人的请求或拒绝参与某项计划可能会让你产生愧疚感，但学会拒绝可以改善你与自己以及与他人的关系。

积极地说"不"，为人际关系留一条后路

凯文有过三段长久的恋情。有时恋情持续太久只是因为他不知道如何结束它们，他甚至在20岁时因为不想让女友失望而选择求婚。两年后，就在他当时的妻子开始谈论要孩子时，

凯文觉得两人无法继续走下去了。此后，我帮助他渡过了离婚的难关。我们一起讨论了很多种方法，让他可以在不伤害别人感情的情况下说"不"。

学会说"不"可能很难，但这是一项必不可少的终身技能。[4] 在许多情况下，一个简单的"不"就足够了，但有时，无论是因为你正在改变一种既定的模式，还是真的希望在未来能与某人再次互动，你都应该做出进一步的解释。一个积极的"不"是一种既能建立边界又不会自断后路的方法，但它是需要练习才能掌握的方法。当我们不习惯建立边界时，说"不"可能会很困难，或者说的方式令人难以接受。这都很正常，因为用全有或全无的方法设立牢固的边界是一种很自然的倾向。

再说回刚刚提到的萨莉。随着建立更强的边界，她变得能够更从容地说"不"，并且更加善于用更平稳、不过激的方式做到这一点。当我们发展出一种更润物细无声的建立边界的方法时，与他人的关系会变得更好。积极地说"不"有着强大的力量，因为它为未来真正的"是"铺平了道路。[5]

凯文过于留恋一段段感情，其中一个原因是，他从未想出除悄悄消失以外的结束关系的策略，而悄悄消失会让他感觉自

06　搁置和边界让你重获自由

已很冷酷无情，他不想这么做。因此，他只好一直维持着关系，直到出现无法控制的情况导致这些关系自然结束。他和高中的恋人在上大学前一直在一起，直到两人被位于美国两端的学校录取才自然分手。在大学里，他遇到了第二任女友，然后再次经历感情由浓变淡。当他感觉这段关系已经无法继续下去时，仍未提出分手，直到女友为了追求电影事业而去了国外发展，他们才自然分手。

后来，他的第三任女友出现。这一次，他们的感情发展没有受到"生活"的任何干涉。结果，凯文选择了娶她，只是因为他觉得这是唯一体面的选择。可是，他们打算离婚，凯文不得不做出除订婚和悄悄消失之外的第三种选择。他可以在关系还没有失控时以一种友好、明确的方式结束。同样，你也可以尝试列出一份友好拒绝他人的方法清单，并逐渐找到你认为可行的方法。

凯文学会了用"我知道你值得感情上全心合意的投入，但我现在真的没法做到"以及"你很了不起，很美，但我知道你并不是我想要的伴侣"这样的表达友好地拒绝对方。一开始这也许显得并不是很友好，但这是真实的反馈，而且，这能使他和失望的伴侣都能够找到更好的另一半。

以下是几种积极地说"不"的方式：

- 我很想帮你，但现在实在很难做到。
- 我可能不是最适合帮你的人。
- 是的，这是一个好主意，但也许那个（列举其他选择）会更好。
- 我现在无法做到这一点。

找到适合自己的表达方式！记住，积极地说"不"是坚定的、明确的，并为未来提供了积极的选择、解释或承诺，当然，只有在你打算实现它的情况下才需要承诺。试着说出这些话，感受每句话，你也可以与朋友或伴侣练习。如果你养成了在日常生活中说"不"的习惯，当因为感受到压力想说"是"，而实际上想说"不"时，已经养成的习惯可以让你更容易将"不"说出口。这是一种很好的方法，有助于创造更健康的关系并让你感觉更好。要记住，你有权利说"不"。

有边界感才有能量

你是不是那种很难拒绝他人的人？你是否总是与那些让你感觉精疲力竭的人待在一起，或者总是参加那些不想参加的活动？如果你总感觉时间不够用，总是感到沮丧和愤怒，并且与周围的人相处时感觉越来越疲惫，那么你可能需要重新建立边

06　搁置和边界让你重获自由

界。如果你向来被别人的计划、问题和时间表推着走,那么当你尝试建立自己的边界时,可能会产生内疚的感觉。但是,当你开始更好地面对自己的需求时,这种内疚感会消失。你可能担心说"不"会引起更多冲突,但从长远来看,建立更清晰的边界将帮助你在情感安全的空间内建立更真实也更有益的关系。

THE SECRET TO GETTING ALONG
相处练习

你的边界感够强吗,你的能量杯够满吗

你可以通过完成下面这个练习,先评估一下自己的边界感有多强,以及在建立和明确边界方面有哪些可以改进的空间。

对下列描述,分别根据自己的真实情况按 0 分至 5 分进行打分,0 分表示"从不",5 分表示"总是"。

- 我会尽我所能去帮助他人。
- 我觉得自己被我爱的人利用了。
- 我一直将他人的需求放在自身需求之前。
- 如果我说"不",会让他人感到失望。
- 我经常不为自己说话,并且事后感到沮丧。
- 我发现自己很难做出决定。
- 如果我说"不",人们会认为我自私。

与生命中重要的人好好相处 THE SECRET TO GETTING ALONG

- 善良的人应该乐于助人。
- 相比于"应有"的投入,我总是花更多精力去维持一段关系。
- 如果我说"不",就会感到愧疚。
- 我觉得有点烦,是因为别人不尊重我。
- 当我给自己留出时间时,会感到内疚。给自己留出时间?那是什么?
- 我经常觉得自己是"受害者"。
- 我觉得自己一直忙于满足他人的需要。
- 我非常在意他人对我的看法。
- 我会自动认为他人的批评是正确的。
- 我会因为不想让他人失望而说"是"。
- 我对他人的苛求或不考虑他人的行为感到不满。
- 我经常因为他人的痛苦感到压力和不安。
- 我害怕让他人失望。
- 帮助他人是我最大的收获。
- 我没有时间运动。

现在将每一项的得分相加,计算总分,分值为 0 ~ 110 分。总分越高,说明你越需要重新建立边界。记住,当你感觉良好时,你才有可能成为更好的伴侣、朋友、父母、同事和邻居。清晰的边界为我们提供了必要的心理空间,让我们可以重启自我并全身心地投入生活。

06　搁置和边界让你重获自由

接下来，评估一下你的能量杯够不够满。

如果你不确定边界是否合适或者认为自己可能需要进行一些调整，那么接下来是一个填充自我关怀能量杯的绝佳时机。

首先，列出你喜欢花时间与之相处的人，以及想花时间做的事。至少想出10个人和10件事，可以根据自己的喜好将清单延长至任意长度。

其次，列出你日常时间的分配方式。思考这些方式中哪些能填充能量杯，哪些会使它减少。

在日程表中留出至少1小时做让自己感觉良好的10件事情之一，并承诺每天都与能让你感觉良好的人相处。将这些事情列为优先事项，删除那些会给你造成压力或对填满能量杯没有任何帮助的非必要活动，这会为你创造必要的时间和空间进行自我关怀或做其他更重要的事。

在这之后，每天不时留意你的情绪或观点在何时何地发生了转变。在日记中记录你与谁在一起，正在发生什么事情，以及自己情绪的变化。最好在几周内持续做这件事，以便发现并确定你在特定情况下的感受模式。如果你注意到某些朋友会让你感到焦虑，那就考虑减少与这些朋友的互动时间，增加与其他朋友的互动时间，或花更多时间独处。这个练习的目标是找到适合你的解决方案，从而给自己加油充电。也许你非常在乎某个人，但如果你只能花很少的时间和精力与他联系，那可以考虑与他共进一次晚餐而不是一起度假一周。我们并不需要用完全切断人际关系或停止参与某些活动的方式来获得建立边界的好处，只需要减少与耗费你精力的人互动的时间或尽量少参加你不太想参加的活动，就可以获得积极的结果。

回顾每天"填满你的能量杯"的人和活动清单，根据需要增加或删除清单项。确保至少每天都能做一些清单上的事情。然后，继续在一天中注意哪些人和活动会让你感觉积极或消极。将积极因素添加到你喜欢与之相处的人和"填满你的能量杯"清单项中，并尽可能限制消极互动的时间和频率。通过说"不"，限制自己接触那些令人沮丧的人或事，你就可以创造更多空间与那些能增加你积极能量的人对话和相处。当能量杯满了，你就会发现自己不那么容易受外界影响了，而且变得更具有应对能力，也能更加注重人际关系质量。

为自己创造避风港

如果你正处在一段无论在情感上还是其他方面都让你感觉不安全的关系中，那么创建一个"避风港"有助于你摆脱水深火热的状态。"避风港"可以是一个实际的安全空间，也就是一个让你的内在能量得以平衡的物理空间，比如和伴侣一起去心理治疗师的办公室，在那里你们可以进行一些艰难的对话。工

06 搁置和边界让你重获自由

作场所或学校中的调解室也可以成为安全空间,在那里,调解员能够帮助你们在受控制的环境中解决问题,从而避免事态失控。它也可以是一种沟通形式,可以在约定的时间检验这种形式是否有效。记得在日程表中将自我关怀作为优先事项放在和其他承诺一样重要的位置,安排时间在避风港中进行对话。

在和难缠的个体的相处中,你可以决定推迟进行某些对话,直到你们一起在心理治疗师的协助下处理问题。如果你面对的是一个很难沟通又好争论的同事,可以考虑只在计划好的时间里与这位同事对话,尤其是在一个你感觉精力充沛、在情感和身体上都能保持稳定的时间里进行对话。如果你想重塑一段友谊,那么设计好沟通方式,确保它能让你的内心保持平静。不要让他人的冲动、愤怒、焦虑或其他破坏平稳状态的行为干扰你平静的心。**给自己创建一个安全空间去处理困难、尴尬或难以控制的对话,这是一种管理冲突的建设性方法。**有经验的第三方可能会帮助你重新调整优先事项或观点,让你避免去做一些会后悔的事情。

当感受到压力或情绪激动时,我们可能会将一些未经思考的话脱口而出。特别是当我们与某些人交流,而他们的沟通方式像是一支喷射大量信息的水枪时,这种情况就更容易发生。当我还在进行诉讼工作时,经常听到客户抱怨在工作期间收到

与生命中重要的人好好相处 THE SECRET TO GETTING ALONG

前任的电子邮件。他们觉得自己会因此无法集中精力工作,进而产生了巨大的压力和被侵入感。你可以创建一个安全的沟通空间,例如设置一种更容易控制的替代沟通方式,像是使用另一个电子邮件地址或应用程序,确保在工作日可以随时关闭它。这样,信息就既可以得到传递,又不会对收件人的日常工作造成不良影响。

如果希拉里有更强的边界意识,也能够说"不",结果可能就会有很大不同。在与西蒙一起签署一个更大的租赁合同和做一项更大的财务计划之前,如果希拉里学会说"不",就可以避免机械地答应西蒙,而是暂停这件事而去思考西蒙真正想要什么,这样可以使两个人都免于遭受很多痛苦。不过,希拉里习惯了取悦别人,很少说"不",尤其是对西蒙。当希拉里感受到压力时,她又会觉得自己被利用了,并且会对西蒙感到愤怒。而西蒙虽然可能有点像推土机一样迅速行动,但至少她清楚地表达了自己的愿望。在这种情况下,从边界的角度来看,大部分责任在希拉里身上。考虑到她们的友谊已经持续了很长一段时间,西蒙或许也能意识到希拉里习惯于说"是"而不是说"不"。在这种情况下,在西蒙让自己陷入了一个可能不会实现的承诺中,并且在被负面情绪包围之前,她本可以向希拉里进一步了解情况。

07

放下防御心才能更好地解决问题

在生活中，当与某人发生冲突时，相比于状态良好时，我们在状态不好时会更容易陷入消极的思考方式。不过无论是否处在冲突中，人的内心故事都会决定其感受。人的内在幸福感其实来自每天产生的成千上万个想法，这些想法可能是积极的，也可能是消极的或中立的。由于每个人不同的人生经历，再加上先天因素的影响，其中一些人可能大部分时间在进行消极思考，长此以往，就会产生防御心理，阻碍对内在幸福感的追求。这种消极思考会影响与他人相处的方式以及他人对我们的看法。也就是说，消极思考会让人产生被忽视或沮丧的感觉。

安吉是一位很有才华而且工作努力的员工，但她一直无法突破中层管理者这一职业发展阶段的瓶颈，这导致她在工作的同时感觉很郁闷。她有时非常想知道自己是不是即将失去这份

与生命中重要的人好好相处　THE SECRET TO GETTING ALONG

工作，但又觉得这不可能。她想不明白，为什么许多比她入职时间更晚的人获得了晋升机会，而自己已经连续几年没有升职。此外，尽管她可以选择离家更近的工作，而且以她的资历，换工作不是难事，但她依然选择留下。而且，这家公司离她家的距离要比她可接受的通勤距离远得多。她知道自己在工作表现上获得的评价不是特别好，但她认为这是由于上司萨拉不喜欢自己。安吉认为萨拉总是无缘无故地针对自己，这是自己没法获得晋升也没法获得其他工作机会的原因。

　　萨拉认为，尽管安吉的工作质量很高，但和她一起工作很困难。安吉上班经常迟到、分心，并且总是拖延，有时候会拖上一周才能完成工作任务。而萨拉也需要向自己的主管汇报工作进程，但安吉的时间管理问题让萨拉的工作推进也变得越来越困难。安吉一心只想着达成高质量的工作成果，完全不考虑完成时间，还把自己没法按时完成工作的责任归咎于周围的人。虽然从结果上看，安吉的工作质量是卓越的，但她的拖延给萨拉和其他同事都带来了麻烦，甚至在这种情况下，安吉还拒绝了人力资源提供的帮助。萨拉欣赏安吉的工作成果，知道她的知识技能需要其他人花上好几年的时间才有可能掌握，但和安吉一起工作让萨拉感到越来越疲惫，她已经厌倦了安吉的各种借口，也不想因为安吉的拖延一而再再而三地受到主管的指责。

07 放下防御心才能更好地解决问题

数年来,安吉和萨拉都困在了这个死循环中。萨拉指责安吉拖延,而安吉的防御心越来越重。

当新冠疫情导致线下办公室关闭,公司转为居家办公时,安吉得到了意外的好运——她的工作情况开始变好了。由于省去了通勤时间,安吉每天获得了额外的两小时可自由支配的时间,她不再为时间管理而苦恼。萨拉对安吉的工作也越来越满意。事实证明,以前的通勤时间对安吉来说太长了,而且她在办公室工作时又常常受到同事的干扰。当线下办公室重新开放后,萨拉联系了安吉,希望她能继续居家办公,安吉欣然接受。其实居家办公这个选项一直存在,但由于之前她和萨拉关系不好,因此没有考虑过这种工作方式。回想起来,萨拉也表示真希望自己几年前就能想到这个选项。

安吉和萨拉都被自己的"防御性舞蹈"牵制住了,她们从来没有机会和空间去排除障碍并找到解决方案。多年以来,安吉一直对未得到晋升而耿耿于怀,她认为自己的工位就可以证明这一点。她觉得自己经验丰富,不应该受到这样的对待。而萨拉则对安吉不能准时交付工作感到很烦恼。她们都没有关注对方的优点和给自己带来的好处。她们都感到很愤怒,从而将关注点牢牢锁定在了自己感受到的不尊重上。

当冲突正在发生时,激烈的情绪会干扰我们的反思能力。[1]我们被困在自己的故事中,但要解决问题,就必须始终保持中立,尝试站在对方的角度去看待问题。这样,我们才更有可能得到一个不错的结果。我们的情绪反应越激烈,就越可能陷入防御的循环中,重复同样的消极互动模式。萨拉和安吉花了多年时间陷在"进攻—防御"循环中,也就是"我不明白你怎么就搞砸了"和"你是个糟糕的领导"的循环。她们要想改善彼此的关系,就必须远离这些情绪反应,并给自己留出空间,用不同的方式处理自己的感受。

要深思熟虑地回应,而不是冲动地反应

为了增强自我意识并使防御心理不那么强,了解反应和回应之间的区别非常重要。反应是对问题的情绪反应和本能反应。当我们感受到压力时,很容易做出本能反应。虽然有时候本能反应就是最好的反应,但大部分情况下,它会是事后我们最希望撤回的反应。反应的问题在于,它是一种基于当下情绪的冲动行为。

处于反应状态时,我们其实并没有思考这对彼此关系的长期影响。情绪化的反应可能会造成不可修复的伤害。在我们的

07　放下防御心才能更好地解决问题

人际关系中，这种反应可能已经造成很多伤害。如果我们突然终止不愉快的对话，可能就会制造更多激烈的冲突和不快。如果我们在情绪激动时发送一封写满愤怒之词的电子邮件，其中很可能有许多令自己后悔的话。当与父母、伴侣或孩子争吵时，我们可能会口是心非。更好的解决方案是，在感到不安时，你需要为自己花一些时间，通过这种办法控制自己的情绪、收集想法，再做出回应，而不是用冲动的本能反应做出回应。

虽然本能反应是条件反射般的并且很可能是冲动的，但回应应当是深思熟虑的结果，它是在冷静下来并认真考虑了长期影响之后做出的选择。在本章中，你将学会对最具挑战性的人和情况做出回应，而不是继续用本能反应解决问题。

防御心理，冲突的推手

很多时候，我们之所以立即做出反应，是因为感到羞愧并产生了防御心理。防御心理和愤怒一样，是与生俱来的。防御心理的好处是能够维持我们的幸福感。它可以帮助我们维持至少在表面上的自尊心，但也容易导致我们指责他人。防御心理的危害之处在于，当冲突正在发生时，我们通常很难意识到自己在防御，而这会进一步加剧冲突。[2] 防御是一种可以改变的习得行为，所以不要绝望。如果你不确定自己是否有防御心理，可以参考下面这个简短的清单来判断。

请思考在你感受到批评时，你是否会表现出以下行为或思维模式：

- 尝试为自己的行为辩解；
- 将责任归咎于批评你的人；
- 停止听取对方的意见；
- 控诉对方也在做同样的事情；
- 告诉对方他们不应该有那样的感受；
- 觉得自己总是受到攻击；
- 总提起过去的事情，而不是谈论当前的情况。

当你发现自己处于防御状态，试着让自己后退一步，考虑一下当你受到刺激时，你的内心正在经历什么。让自己保持脆弱并直面这份脆弱其实非常困难，但通过真实地接纳自己的羞耻，我们才能开始改变对周围人的反应。

避免陷入"羞耻—指责—防御"循环

我们在处于防御状态时，往往会产生羞耻感并指责他人。这种本能的防御心理非常隐蔽。当冲突发生时，冲突双方常常

07 放下防御心才能更好地解决问题

陷入"羞耻—指责—防御"循环。羞耻和指责经常是相伴而生的,它会使我们将发生的一切归咎于外界环境,认为这些事情只是恰巧发生,忽略了自己其实也是问题的一部分,也就是没有意识到自己在冲突中的角色和责任。并且,这会让我们忽视与对方合作的可能性。**指责他人就是防御心理的一种体现。**[3]

让我们来看一个例子。玛拉的丈夫弗兰克迟到了三分钟才来到夫妻咨询室。在弗兰克到达之前,玛拉对弗兰克没有按时出现感到很尴尬,她给弗兰克发了一条短信,然后向治疗师道歉,说他一定在路上。三分钟后,弗兰克没有回复,玛拉又连续给他打了三个电话。弗兰克没有接前两个电话。打第三个电话时,弗兰克接了起来,但他表现得很烦躁,因为玛拉打断了他一个重要的工作电话。玛拉对这一切感到很沮丧,因为弗兰克指责她没有查看短信还反过来责备自己没有参加咨询。治疗师问玛拉,弗兰克是否会为没有准时出席会议以及在电话里反应激烈而道歉。玛拉微笑着说,弗兰克不会。后来,弗兰克表示玛拉连续打了那么多个电话让他很生气,他明确要求玛拉每天最多只能打一个电话。而玛拉认为,他们进行咨询的原因之一就是因为弗兰克不配合、反应激烈并且总是"指责别人"。

弗兰克没有平心静气地向玛拉道歉,更没有温柔地表达对她的关心,反而使愤怒升级了,他严厉地告诉玛拉以后再也不要这样做了。尽管从表面上看,弗兰克当时似乎得到了自己想要的,但他却在情感上把玛拉推开了,这对任何人都没有好处。防御性行为阻碍了事情和关系向好的方向发展。

经常产生羞耻感的人倾向于将发生在自己身上的每件事都内化和个人化。通常来说,羞耻感会导致自我攻击或攻击他人。[4] 弗兰克并不是一个坏人,他只是有着一个年深日久的羞耻故事,他需要靠指责他人来维护自己的自尊心。[5] 当我们感到羞耻或产生了内在的坏情绪时,会觉得痛苦,会不惜一切代价来摆脱这种痛苦。弗兰克其实为咨询迟到而难过,也因为妻子不断打来电话分散他的注意力而难过。

对于自己在专注时很容易被干扰或者分心这一点,弗兰克一直觉得很羞耻。但他没有处理让自己痛苦的羞耻故事,而是选择本能地保护自尊,向玛拉宣泄这种痛苦情绪。因为自己的短板或不良结果而指责他人,可能会让你获得暂时的情绪释放。[6]

但问题在于,将责任归咎于他人只会增加关系中的紧张与压力,结果就是无法与他人建立深层次关系,甚至无法进行积极的互动,长此以往,就会导致我们产生更严重的羞耻感。

07　放下防御心才能更好地解决问题

打破"羞耻—指责—防御"循环

然而,"羞耻—指责—防御"循环并不是完全无法打破的。有一些简单的方法可以帮助你打破它。第一步,你需要花时间让自己意识到发生了什么。正如第一部分提到的那样,人们比想象中更容易给自己制造问题。好消息是,如果你有能力在过去造成问题,那么你同样有能力在未来防止问题的发生。下一次,当你发现自己处于防御状态时,花点时间问问自己是否感受到了攻击。留意那些让你感受到了攻击的人,并思考他们为什么会攻击你。

阿加莎和父母常常因为她对婚姻和家庭的看法而大吵。阿加莎和男友正在同居,他们没有明确的结婚计划,而阿加莎的父母很传统,因此对她的未来感到既失望又担忧。长期以来,他们在这个问题上一直循环争吵,阿加莎试图向父母解释自己不结婚的理由,但这种沟通从未取得过任何进展。随着时间的推移,这些争吵破坏了他们之间的关系。

阿加莎感到非常沮丧,她觉得自己正与深爱的父母逐渐疏远。但是,通过暂时搁置谈话,并深呼吸几次,她意识到其实她正在要求父母接受一些会让他们感到羞耻的事情,羞耻感是父母与她争吵的原因。与此同时,她感到自己的内心也正在因为让父母失望而感到羞耻。于是，他们陷入了"羞耻—指责—防御"循环，直到阿加莎决定后退一步。

她冷静下来并仔细考虑了父母的意见，她并没有屈服于父母的意见嫁给男友，而是给了父母表达担忧的空间，让自己不再陷入"羞耻—指责—防御"循环。阿加莎通过后退一步做出了更好的回应，她不再防御，而是尝试缓解冲突。当然，父母对阿加莎的担心并没有停止，但通过后退一步，她摆脱了因为内化父母的担心而感到羞耻的心理状态，从而使他们之间的关系逐渐缓和。

无论你是否意识到羞耻感对你本人和你面对的冲突产生的影响，当你发现自己陷入"羞耻—指责—防御"循环时，要问问自己：如果这会损害关系，那这场争吵是否值得继续？也许，在某个特定的互动中，你需要建立更明确的边界，但是"争到底"有时会得不偿失。

暂时搁置，是为了更好地回应

用更好地回应来取代本能反应的一种方法是后退一步，即暂时搁置，这也是一种建立边界的方式。暂时搁置一段对话，

07 放下防御心才能更好地解决问题

你就可以在情绪激动时有意识地休息一下,让头脑冷静下来后再发生连接,这个过程可以让你的回应变得完全不同。在宣泄情绪之前,用搁置对话来为自己留出短暂的时间,让自己可以更好地回应,从而减少本能反应和防御心理。这听起来很简单,却是一种能够彻底改变游戏规则的技巧,能帮助你反思,还能帮助你练习前两部分提到的倾听技巧。搁置可以缓解原本紧张的、即将发展为冲突的局势。这种暂时搁置的方法,不仅有助于更好地进行自我调节,还有助于在问题出现的那一刻更好地应对问题。

这里有一个搁置谈话的例子。阿丽尔和肯是两个学龄男孩的父母。结婚13年后,在新冠疫情导致的隔离期间,他们来找我调解分居问题。阿丽尔觉得肯很霸道,很难相处。肯觉得阿丽尔有很强的控制欲,并且总是反应过度。通常情况下,我会和当事人一起确定住房策略、育儿计划和财务安排,并尽我所能让他们远离法庭。但是,由于疫情,阿丽尔和肯都无法搬走。于是,我们必须创造性地制定策略,让他们能在那段不稳定时期依然和平地相处。

肯和阿丽尔之间的关系突然间就变得一团糟。只有暂停某些谈话,他们才能冷静下来。两个人都需要后退一步,考虑他们打算做的或说的能否对关系产生有益的影响。我们制定了新

与生命中重要的人好好相处　THE SECRET TO GETTING ALONG

的家庭沟通规则,两人也都表示会遵守这些规则。规则很简单,包括搁置或暂停。

第一条规则是,当阿丽尔觉得肯咄咄逼人时,不要立刻做出反应,而是要选择单纯地搁置对话,要求 10 分钟的暂停时间。在 10 分钟后,她要么冷静地回应肯,要么要求再暂停 10 分钟。

第二条规则是,当阿丽尔提出需要空间时,肯会退出。最终,他们同意搁置任何无法有效解决的问题,并与治疗师确定每周一次的谈话时间,这是指定的安全空间,当搁置或暂停无效时,治疗师会在安全空间帮助他们解决问题。

后来的 6 个月,他们一直遵循着我们共同制定的策略和规则。在他们的案例中,因为他们两个人都在努力寻找让互动更顺畅的方法,所以效果非常好。但是,如果无法与对方达成共识和合作,那么你应该怎样做呢?你可能会惊讶地发现,仅仅通过单方面的调整就能改变一场互动。如果只是肯一个人后退一步,或者只是阿丽尔出去绕着街区快速走一圈,他们的互动也能发生改变。

有时候,我们需要的只是几次深呼吸,在冷静下来之后应对冲突,其他时候,仅仅为正在发生的事情和相关的人留出时间或空间就是迈出了重要的第一步。[7]

这种暂停可以让我们在处理困难的互动时获得情感上的自由。当你让自己"休息"时,就相当于给身体和思维一个冷静下来的机会。[8]在这个过程中,你可以决定是否需要进行特定的对话,或者你需要在多大程度上参与这场冲突。很可能在搁置或暂停的时间里,你意识到这个问题中的议题并不重要。放下对对话或结果的执念,你的日常健康状况将得到极大改善。

为冲突按下暂停键

为了短暂地暂停谈话,你可以礼貌地找个借口。假如你正在工作,却在短信中和孩子、父母或亲爱的朋友发生了激烈的争吵。与其猛烈地抨击或无视他们,不如考虑发个短信:"我看到了你的信息,尽管我们意见不一,但我爱你。只是现在我需要暂停这场谈话(比如暂停两小时)。"

然后,如果情况允许的话,屏蔽对方两小时,这样你就可以专注于接下来的工作。在再次与对方接触之前,先检查一下自己的安排,以便在必要时再次优雅地退出对话。

与生命中重要的人好好相处　THE SECRET TO GETTING ALONG

　　回想一下到目前为止我们了解的一些例子。阿加莎只是做了几次深呼吸，就能让自己冷静下来，避免了防御性行为。当阿丽尔和肯都学会了在短时间内搁置冲突，他们的分手过程就变得更加顺利和高效。在争吵最激烈时，双方只要都冷静15分钟，或者绕着街区走一圈，就能再次回到谈话中，并通过更高效的对话将事情说清楚。

　　同样，萨莉也逐渐认识到，除条件反射般地回答"是"或"否"之外，她还有另外一个选择，那就是选择暂停一下，让自己能在仔细思考后对双方的要求做出回应。对希拉里和西蒙来说，暂停也可能会创造奇迹，她们当时没有创造防止本能反应需要的空间，只是单纯地感到羞耻、互相指责，然后防御。

　　通过暂停对话，我们可以稳定情绪并重新启动大脑。冷静下来后，我们就能做出更好的决定，避免不必要的冲突。[9]在一个中立的空间（精神上或身体上），"暂停"一下，减少本能反应，谨慎地应对冲突，这些都更有利于人际关系和人生的长期发展。

　　留出一些属于你自己的时间和空间，就可以创造奇迹。只要短短几分钟，你就能从被动反应转变为积极回应。不管冲突是怎样的，通过做出更合适的回应，你可以获得最好的结果。

07　放下防御心才能更好地解决问题

"搁置"是一种简单的即时性工具，可以用来防止自己说出一些无法收回的话，或者做一些无法挽回的事情。通过搁置，我们也能更好地倾听他人的观点或故事。搁置是一种能力，让人们能够降低防御心理，更为平静地看待事物。它能让我们更加清晰地观察到自己什么时候变得具有防御性，或者当有人指出我们表现出防御性行为时，就可以中断这种消极的模式。当能够利用搁置的时间从他人的角度观察正在发生的事情时，我们就能更好地注意到自己从什么时候开始产生了防御心理。然后，我们就能用必要的方式来优化自己的行为，让一段充满矛盾的关系变得平和。

承认并接纳自己的缺点，摆脱羞耻感

不过即使你搁置了一段谈话或关系，消除在冲突时或冲突后可能产生的羞耻感依然很困难。因为这需要你承认人性，尤其是要承认自己的缺点和不足。当我们将缺点和不足暴露给别人甚至哪怕只是暴露给自己时，都会令自己感到羞耻，感觉很糟糕，感觉正在被人评判。羞耻感会引发一系列令人不适的情绪，如不被欣赏、被拒绝、被利用、没用、无能、不被尊重。为了赶走这些不舒服的情绪，人们经常将感受外化，转而去攻击或者指责他人。其实感到羞耻是人之常情，我们不需要因此变得有防御心或者指责别人。承认和接纳自己的缺点，是在避免陷入"羞耻—指责—防御"循环时迈出的第一步。

有时候，认识到自己的不完美可能会让你觉得很可怕，但其实这能带来巨大的回报。我们可以更真实地生活，卸下伪装，也能对周围的人更真诚，更富有同情心，还能更有爱地与他们互动。两个可以减少羞耻感的好方法是把前文中提到的积极肯定和冥想融入日常生活。

很多人都有牢固的情感盔甲，保护自己不被羞耻的探照灯照到。在离婚调解工作中，我遇到了很多充满羞耻感和被"还不够"的感觉吞噬的人。严格来说，虽然这不是法律工作的一部分，但我经常鼓励客户尝试强调生活中积极的一面，通过在日常对话中加入积极的肯定信息来打破羞耻感。当你开始定期向自己传递更积极的信息时，就能更加清晰地思考。在日常生活中，不管你的关系状况如何，都可以使用这种方法。

举个例子，想象一下你的伴侣强调了他认为"你有问题"的地方，比如你总是很冷漠，喜欢大声说话，或者你不完美。当这种情况发生时，你的本能反应通常是防御，会通过指出他的错误来对抗，甚至声称是他导致了你现在的行为。很可能他只是说了一个让你觉得丢脸的故事，但你会感到很恼火，因为

07　放下防御心才能更好地解决问题

你觉得他并不爱你的全部。同时，你还会怀疑他指出的问题是不是真的说明你性格有问题。也许，你只是担心自己不值得被爱。

在回应伴侣时，如果我们采取攻击性或指责的态度，比如指责对方过于敏感或自私，就可能会阻碍我们重建自我意识，导致一种有害的"羞耻—指责—防御"循环。这种循环不仅对我们自身无益，也会对我们的人际关系造成负面影响。相反，你可以通过改变自己的内心故事传达一种积极的肯定信息，尝试重新校准你的感觉。

在这个例子中，积极的肯定信息可能是"我值得被爱和被接纳"。当你真正相信这一点时，即使你的伴侣表达了愤怒之情，你也不会那么容易被激怒，在必要的时候也更有可能后退一步。在搁置并考虑为什么他们说的话是有害的或没有成效的之后，你可以更冷静地反思，而不是做出本能的情绪化反应。

养成一次性完成5～10次腹式深呼吸（见第5章）和积极的自我肯定的习惯，可以很好地维持精神状态。在这种情况下，即使某件事引发了情绪反应，我们也更有可能形成中立甚至积极的观点。虽然这样做并不可能彻底改变我们看待世界的方式，但至少可以改变看待自己的方式，哪怕只是一点点改变，也是有意义的。我们有能力种下包含更积极想法的新种子，这些想法甚至可以抵抗内心深处的羞耻感。

冥想，摆脱羞耻感的强大力量

情绪崩溃会加剧"羞耻—指责"循环，让人产生防御心理，破坏沟通。

这个过程是像下面这样的：

- 我们感到不好意思（羞耻）。
- 我们在心里推卸责任。
- 我们表现出防御性。
- 我们没有达成共识或理解。
- 我们感觉更糟了。

我们之所以感到不安，通常是因为过于关注过去的消极事件，或者因为过于担心未来会发生一系列并不希望发生的事情。如果能将注意力集中在当下，我们就能够注意到正在发生的一切，而不是只关注过去本应该发生的事情或未来可能发生的事情。冥想是一种简单的练习，让我们可以关注内心，脱离可能正在经历的情绪旋涡。它能帮助我们进入当下的觉知，减少消极想法或失控的情绪波动，从而有机会反思，去考虑其他

07　放下防御心才能更好地解决问题

可能的结果，并采取一种不那么有防御性的沟通方式。活在当下的意识可以让我们获得需要的空间，从而敞开心扉，弄清楚为什么自己渴望拥有那些东西，而不是进入过于简单和熟悉的攻击模式。

就像前文讨论过的腹式深呼吸和箱式呼吸一样，你可以试着在箱式呼吸的练习中加入可以排解羞耻的自我肯定来提升幸福感。每次吸气时，数 5 个数，重复这种自我肯定，让这种有意识的陈述在脑海中流动。

你可以在此基础上积极地发展这项技能。下一次，当情绪反应出现时，你可以通过上述方法放松下来。记住，有意识的呼吸能给身心带来平静的感觉。在平静的时候每天坚持练习，很快你就会感觉更加自然。即使你不喜欢这种刻意练习，几天后也会发现它的好处，并意识到它非常值得你去尝试并付出努力。

正如前文讨论的，只有积极、具体、面向当下的自我肯定才能产生积极的效果。我本人很容易焦虑和反应过度。为了减少这种倾向，我采取了一种打破羞耻感的方式，那就是告诉自己"我很强大"。我每天都会这样提醒自己。这是我的冥想语，经常重复这句冥想语，能让我在最紧张的情况下想起它并让自己平静下来。

与生命中重要的人好好相处　THE SECRET TO GETTING ALONG

这里有一些可以用来打破羞耻感的冥想语，你也可以试着在你的日常生活中使用它们。记住，要养成一种习惯，在你感觉良好时对自己重复这些肯定的冥想语，这样即便在你情绪紧张时，也能想起这些话：

- 我有力量。
- 我很强大。
- 我值得。
- 我能做困难的事情。
- 我现在就很完美。
- 我很自信。
- 我值得信任。
- 我很聪明。
- 我充满了爱。

这样做的目的是给自己一个新的内心故事，用来抵抗羞耻感和不安全感。创造一种积极的肯定来抵抗你的消极故事。

例如，当你感到不安全时，告诉自己"我很自信"。当你感到焦虑时，重复"我很平静"这句话。自我感觉良好时，我们不太可能感到羞耻，也不太可能采取防御性行为和指责他人的行为。

07　放下防御心才能更好地解决问题

从争吵到平静

我的朋友卡桑德拉是一所学校的校长，但她入职的时间比学校里的许多老师都晚。她注意到，每当自己要求那些资深教师执行某些任务，或者提议在全校范围内推行某些举措时，那些老师都会有防御性表现，并且表现得越来越明显。起初，老师们的防御性表现让她难以接受，她一直想为自己的计划辩护，但克制住了这种冲动，给自己留了一点时间，让自己冷静下来，然后向我倾诉。那些老师对待她的方式让她感觉既恼火又自责，但她依然希望得到支持，所以还在想办法解决这些问题。

我让卡桑德拉试着站在老师们的立场去看待这些事。有些老师教了30年书，突然有一个比自己小几十岁的老师试图改变他们整个职业生涯的做事方式，换作她，会有什么感觉？如果卡桑德拉能够站在老师们的立场去看待问题，就能调整自己的思维方式，并开始改变与老师们相处的方式。通过花时间思考其他老师的观点，她找到了一个极好的机会，建立同理心，然后努力平息冲突。她调整了策略，选择以更温和也更受老师们欢迎的方式在全校范围内推行改革。搁置让卡桑德拉有时间和空间去思考其他可能激励老师们的故事，也让她能以极强的同理心去看待老师们的反应和行为。

与生命中重要的人好好相处　THE SECRET TO GETTING ALONG

当我们与拥有不同政治观点或立场的朋友以及与父母和孩子互动时，这样的技巧同样适用。如果我们建立了边界，暂时搁置困难的对话，就能做好准备去面对挑战，真正从对方的角度看问题。现在你已经明白了如何说"不"，以及何时搁置对话或一段关系，你开始能够注意自己是否正在感到羞耻并指责别人，或者是否正在产生防御心理。通过运用这些策略，你可以自信地让自己的内在感受与外在行为保持一致。

如果希拉里明白防御性行为是解决问题的敌人，她本可以从中受益。希拉里和西蒙都没有慢慢来，她们没有采用 YES 方法，而是像很多人在面临冲突和困境时的做法一样：她们都开始产生了防御性行为，并陷入了冲突的恶性循环。这最终导致了关系破裂。

两人没有意识到防御性行为对关系和互动造成的危害，也没有强迫自己暂时搁置对话，因此都没有站在中立的立场来看待当下的形势，反而都表现出防御性行为并指责对方。

然而事情本不必如此。相比于急着指责，她们本可以在对对方发起猛烈抨击之前暂停一下，这样就能避免说出一些无法挽回的话。经过短暂的冷静，她们本可以考虑用一种更有条理、更有效的方式来处理自己激烈的情绪，而不是本能地互相指责。如果希拉里选择了暂

07　放下防御心才能更好地解决问题

停,可能就会意识到自己缺乏雄心壮志实际上并不是一种退缩,而是因为已经获得了一种自我满足的感觉。她本可以对西蒙表现出更多理解,而不是评判对方。同样,如果西蒙明白了自己的动机是什么,以及为什么希拉里会产生那样的想法,她就可以有更多耐心,而不是立刻做出反应,也可以让自己避免在情绪激动时说出伤人的话。

THE SECRET TO GETTING ALONG

第四部分

你可以更好地与人相处

你可以更好地与人相处
THE SECRET TO GETTING ALONG

即使你已经掌握了 YES 方法中的难点，清楚了自己在冲突中的角色，理解了内心的情感故事，搁置了激烈的对话，你仍然可能面临重大的分歧和冲突。第四部分的内容有关如何突破长期、根深蒂固的冲突，并基于前三部分的内容，制定策略并反思，最终利用脆弱和想象的力量。

第四部分主要介绍在应用 YES 方法时可能遇到的困难。如果我们过分依赖大脑的自动反应，只关注表面的想法，而不关注情感空间，那么就无法消除生活中不必要的冲突。这一部分会让你注意到你会在冲突中陷入困境的地方，并评估自身的弱点。此外，这一过程还将介绍 VIR 协议，这是一个与人相处的秘密武器，它要求你使用想象的力量校准极复杂的关系。除此之外，你将学习在不切断交流的情况下，如何避免陷入无意义的争论循环。你已经建立了强大的习惯和思维模式，并努力改善与朋友、家人、同事的关系，以及在冲突发生时做出正确的反应。你将会发现，自己已经准备好应对最难处理的冲突，并从冲突中获得真正的情感自由。

08

VIR 协议，与人相处的秘密武器

　　即使你遵循了前三个部分给出的提示和方法，仍然可能在面对特别具有挑战性的冲突模式和互动时感觉困难重重。毕竟，冲突并不总是一个简单直接的话题。解决冲突不是一场零和游戏。我们可能相信有"赢家"和"输家"，但是，如果想要以更好的状态前进，在冲突之路前行时往往会卡在一个更难以捉摸且根深蒂固的泥淖中。你很容易形成一种孤注一掷的心态，然而，这种心态很少能产生真正发自内心的平和。

　　有些人更关心"正确"和"赢"，而不是创造和谐。做正确的事可能会让人在短期内感到满意，但从长远来看，它对你或人际关系发展并没有多大帮助。如果"拥有真正健康的人际关系"这个目标很有吸引力，那么即使是和那些你觉得非常有挑战性的人相处，也能实现这个目标。也许是时候更加深入地审视自己，找到阻碍你改善关系的核心原因了。

与生命中重要的人好好相处 THE SECRET TO GETTING ALONG

当然,我绝不是在告诉你可以改变他人难以改变的天性、消除未经治疗的心理健康问题或令人不愉快的观点。在某些情况下,终止一些互动是最有帮助的。如何处理一段关系,始终取决于这段关系的重要性、当前问题的紧迫性以及双方相互尊重的能力和意愿。或许有时候,最好的对话方式就是不进行对话。即使你无法将所有沟通和关系都变得完美,但在大多数情况下,依然可以进行改善。要知道,完美的人际关系并不存在,"更好的人际关系"是一个值得追求的目标。

让自己变得脆弱对你和身边的人来说都绝非易事。在本章中,你将为了更好的个人成长挖掘自己的想法和感受,并制订一个更健康的解决方案来拥抱生活中的冲突。通过接纳自己的不安全感或接纳引发情绪不稳定的事件,通过想象你希望的互动在未来发生,你将更深入地了解为什么自己会被困在 YES 方法的某个步骤中。你将能够从无休止的不愉快互动中解脱出来,并脱离困境。那么,要怎样才让自己变得脆弱呢?你需要先接纳脆弱,也就是要弄清楚自己现在的感觉,面对自己真实的感受,尽管这可能会让你觉得不舒服,但这是你前进的起点和动力。当陷入冲突时,请认真思考一下,看看有什么地方可以让自己获得更好的成长。不要陷入消极或偏执的循环,而是要注意自己的感受。你可以在此基础上激活自身的内在控制力,使你与他人的关系朝着更好的方向前进。

08　VIR 协议，与人相处的秘密武器

你可以把本书第四部分的章节看作更高层次的技能学习，进一步提高应对冲突的能力。当你认清现实并意识到自己的弱点时，就像《无所畏惧》(Daring Greatly) 一书的作者、受人尊敬的布琳·布朗（Brené Brown）所说的那样，你将在生活中拥有更多力量。发现它们并利用自我价值对抗它们，将会帮助你获得力量。本章将给出一些例子和更具体的指导，帮助你突破目前的局限。当你能更好地接纳自己的脆弱时，就能真正掌握 YES 方法了。

VIR 协议，YES 方法的助推器

VIR 协议是我利用多年时间开发的一个框架，为的是帮助我的客户更明确地互动和生活，尤其是帮助他们与那些令人抓狂的人相处。当你陷入无意义的争论循环，生活在指责、羞耻或愤怒之中时，VIR 协议尤其有用。你可以在生活的每个方面使用它。这个过程的目标是将指责转化为能动性。当你看待那些很难处理的关系时，使用 VIR 协议，就可以转换视角，用可能产生最好结果的方式重新看待这些关系。它就像 YES 方法的助推器，帮助你将每一步更充分地融入日常生活。

VIR 协议包括以下三个步骤：

- 想象（Visualize）你想要的。这是你对自己或你们关系的发展设立的最高目标。
- 把你的想象内化（Internalize）。通过将想象的内容写下来或通过具体的行动将想象带入你的生活。
- 从意识到实现（Realize）。实现是一种意识状态，是形象化和内化的终极表现。实现是你完全内化内心所想的过程。也就是说，你将你的愿景具体化了。你不需要去做什么，只需要允许和接纳即可。

要引入 VIR 协议，只需要想象你希望拥有的现实。使用积极的肯定，你就可以重新调整你的内心故事，用更好的叙述重写内心故事。我们的想法就像种在心里的种子，所以要非常留意用词。为了得到更好的内心故事，你要仔细检查发送给自己的信息。

想象你正在经历工作中的冲突。去年，你又一次没有获得升职的机会。你原本认为今年能得到认可，因为你在公司的一项重大举措上有出色的表现，而现在你却有一种厄运即将来临的感觉。虽然你表面上认为这种事情不会再次发生，但在内心深处，你可能会认为它一定会发生，并因此产生了自己正在遭遇忽视或者不被尊重的感觉。你认为应该放弃这份工作了。

以下是 VIR 协议在实践中的工作原理。

第一步：想象

首先，写下你工作中的人际关系目标。其次，列出你理想中的工作以及同事是什么样的。先从全局出发，然后细化。当你深入挖掘理想中的感受以及如何实现具体的细节时，就能感受到自己的状态发生了转变。即使承认自己想要的可能会让你感觉不舒服，但如果想要得到更多尊重，就要试着想象他人在向你征求工作意见或建议时的状态。记住，你的目标必须与你能直接控制的事情有关，而不是与别人做的事情有关。

你可能无法让同事停止谈论政治，但可以尽可能迅速地退出谈话；你可能无法指望老板主动给你加薪，但可以提出加薪申请，或者可以通过跳槽拿到更高的工资；你可能无法控制伴侣的反应，但可以对对方的行为做出不同的反应。总之，想象是对话中十分重要的一部分。

对于生活的方方面面，你都要主动并慎重地确定具体的愿景。你要专注于在一段特定的关系中获得一种内在的平衡和外在的轻松。想象你的目标，直到真正能看到它、感觉到它、闻到它。愿景能为你的人际关系和生活打下坚实的基础，定下前进的基调。

第二步：内化

　　这一步会让愿景渗透到生活的各个方面。如果在第一步，你想象自己在工作中受到了尊重；那么在第二步，你要去感受那是一种什么感觉。你可能觉得自己被忽视了，现在正纠结于什么才是真正的自信。看到自己的处境甚至可能会让你不舒服，但没关系，这是旅程的一部分。你要仔细考虑是哪些因素使你自信，你需要尝试调整这些因素的占比。也许你认为自信的人是领导者，那么内化这一点的一种方法是在办公室担任领导角色或加入与你的专业相关的委员会。也许你可以穿得更职业一些，也许你可以决定成为别人的导师。

　　在内化阶段，你要逐渐尝试实现愿景。你要使愿景更加具象。再次强调，你必须真正接纳自己的脆弱、内化愿景，并用自我同情的视角看待自己的处境和愿景。这种自我同情的视角将帮助你消除任何内在或外在的冲突，你也可能因此变得更加自信。

　　在内化的过程中，你可能出于各种各样的原因决定改变愿景。那就继续深入并调整目标，以满足不断变化的愿景。为了更好地内化愿景，你需要变得开放，接受你所寻求的东西。相信自己值得拥有这些东西。内化过程也是坚定地实现愿景的过程。

第三步：实现

通过有意识地想象和内化，你可以实现愿景。你可以通过改变自己关注的内容以及它们之间的联系，真正重塑你与他人的关系。实现是让你的想象在生活中发挥作用的途径，你要感谢自己在内化阶段做的所有工作，从而能够将更为清晰的愿景带入生活。当你开始为获得成功而穿着得体、积极融入专业委员会，或者花更多时间指导新同事时，你可能会发现自己真的变得更加自信了。

就像 YES 方法一样，VIR 协议需要不断发展。我们在内化自己的愿景时，就是在学习和成长。通过自身的成长，我们的愿景会发生变化，这就需要再次通过 VIR 协议来想象、内化并实现这些新愿景。记住，你的想法会影响行为，行为又会进一步影响结果。

在这个过程中有一点很重要，那就是说出任何正在阻碍你实现愿景的情绪。当我们接纳自己的弱点并拥抱它们时，激烈的情绪就会得到释放。比如，用肯定自我价值的方法来化解激烈的情绪，就能获得力量去策略性地转变自己的想象，从而实现最初设定的目标。我们可以通过改变自己和处理关系的方式推动一段关系向前发展，这也将为自己和这段关系的发展引入新的动力。当转变发生时，我们其实并没有意识到，转变的实现其实只是意识和行为有所改变后自然而然得到的结果。

认真对待自己的感受

乔妮是一位 50 岁出头的女性，已经离婚 3 年了。就在 6 个月前，她开始和比自己小 15 岁的埃迪约会。她的女儿奥利维亚 24 岁，刚刚大学毕业，和男朋友在美国各地生活。奥利维亚从一开始就知道埃迪的事，是因为她虽然与母亲相距很远，但她和母亲的关系一直很亲密。

奥利维亚认为他们只是一时冲动，所以当听说埃迪要搬去和母亲一起住时，她惊呆了。挂断电话后，她给乔妮发短信，让乔妮不要再打电话给自己，等她准备好了就会联系乔妮。

起初，乔妮以为女儿准备接受埃迪，但一连三周，奥利维亚一个电话也没有打来。乔妮开始感到绝望，她崩溃了。她知道埃迪和奥利维亚的男朋友年龄相仿，预料到女儿会有一些反应，但没想到女儿的反应这么大。在这段感情之前，乔妮的前男友曾对她不忠令乔妮失望，而奥利维亚不为乔妮这段新恋情感到高兴也令乔妮失望。

08　VIR 协议，与人相处的秘密武器

与此同时，奥利维亚也非常沮丧，她不知道该不该给乔妮打电话，也不知道该对乔妮说些什么。选择一个年龄相差 15 岁的伴侣真的正确吗？埃迪几乎和奥利维亚的男朋友一样大。尽管她现在很生气，觉得自己遭到了背叛，但她仍爱着母亲，不希望失去母亲。她把乔妮的 Facebook 的动态设置为静音模式，并向我吐露原因：她只是不想看到母亲发的与埃迪的照片，这会让她想对母亲大发脾气。

奥利维亚在向我表明了自己的感受后，巧妙地解决了冲突。她没有责怪和推开乔妮，而是通过变得脆弱来获得力量。她意识到自己对母亲的感情状态是多么无能为力。她需要释放自己的愤怒，允许这种痛苦流遍全身。她不停地哭，直到内心压抑的情绪得到释放。接纳自己的弱点让她能够使用 VIR 协议。奥利维亚首先想象自己真正想要的是什么。通过想象自己想要的感觉，她跳出了脑海中的"羞耻—指责"循环，于是变得平静，或者说至少接受了现状。当她直面自己内心的真实想法，而不是将它们外化或掩藏起来时，她的情绪获得了巨大的释放。奥利维亚不再耿耿于怀，她的愤怒和失望感也逐渐消失。

接下来，她想象自己和乔妮的关系是亲密而有爱的。一想到与母亲的关系可能变得不再亲密，奥利维亚就会任由自己痛哭。然后，奥利维亚内化了这样一个信念：乔妮可以有一段没

有意义的关系，甚至可以有一段会让奥利维亚感觉不舒服的关系。

通过内化"亲密而有爱"的感觉，奥利维亚能够挖掘自己与母亲乔妮的积极情感记忆。奥利维亚花在想象上的时间和意愿越多，就越能内化与母亲校准后的关系。这样一来，与母亲失去联系的恐惧开始消失。她变得能够再次不带评判和愤怒地与乔妮接触，将注意力集中在积极的情感记忆上，而不是目前的分歧上。她内化了自己一直渴望找回的平静感。她知道自己可能永远也无法理解乔妮和埃迪的关系，但还是觉得心里踏实了。

然后，奥利维亚开始能够重新将乔妮融入她的生活，因为她已经经过充分的想象和内化，实现了她想要在与母亲的关系中感受到的平和。

想象和内化是一个迭代的过程。当你将目标内化时，你的想象可能会变得更加清晰，或者可能会朝着不同的方向略微变化。这很正常。想象愿景是为了让你走上理想中的道路，道路本身也会随着时间的推移而继续发展。通过写下你想要表达的东西来集中注意力，这将有助于你在前进的轨道上前行。实现的过程是随着时间的推移而发生的，在此过程中你的愿景会越

08 VIR协议，与人相处的秘密武器

来越清晰，内化得越来越彻底。

当乔妮和奥利维亚再次交谈时，奥利维亚同意见一见埃迪。随着时间的推移，奥利维亚发现她对埃迪与自己男友年龄差距的不适感消失了。她很欣慰乔妮和埃迪相处得这么好，以及她自己与埃迪相处得也这么好。奥利维亚变得真心喜欢埃迪，她也很高兴母亲不再孤单。通过挖掘积极情绪，奥利维亚能够从本能反应中解脱出来，并参与谈话。这个过程让她意识到自己一直渴望与母亲保持亲密无间的关系。

使用VIR协议，你会发现许多冲突开始降级，你也会能够全心全意地对待自己的感受，并且更容易避免曾经陷入的反复争吵。阅读这本书和参与练习，你可以与自己的想象更好地相处。此时，你正处于这个内化过程中。当你找到了原因时，就可以真正开始改变对冲突的反应，这将从根本上改善你的思维方式和人际关系，你的愿景也将会实现。

接纳自己的脆弱

面对真实的自己，或者让自己变得脆弱，这可能会让人感觉很可怕。因为这迫使我们直面自己的弱点，直面内心的恐

惧。这一过程可能让你不适，但这是解决根深蒂固的冲突的唯一途径。而且尤为重要的是，我们总是倾向于将冲突的根本原因外化。正如第三部分所讨论的，羞耻感的根源是人们自身的不安全感和优越感。[1]直面自己的内心，我们就有了向前迈进的机会，而不是浪费数年时间陷在过于熟悉的无休止的争论循环中。

在第一部分，我们明白了自己也是问题的一部分，包括认清了自己的态度和习惯可能导致互动困难。在这个过程中，我们可能会更加清楚地认识到自己在这段关系中扮演的角色和对这段关系的期待。在第二部分，通过深入了解自己内心的情感故事，我们努力养成更好的习惯。在第三部分，我们开始培养更多技能，让自己能够搁置或暂停激烈的争论，并通过设置更清晰的边界来改善自身的情况。你可能会觉得自己为了改善关系已经按照指示做了能做的一切，然而，对于一些更有挑战性的关系，你还是没有看到任何真正的变化。也许你已经回到了旧模式，并且没有意识到这一点，需要做更多工作才能让其重新回到正轨。

真正接纳自己的脆弱需要付出很多努力，因为我们经常习惯性地转移部分问题。正如在第三部分讨论的那样，我们经常反应过度，而不是变得脆弱。在人的一生中，这种保护性的防

08 VIR 协议,与人相处的秘密武器

御屏障通常是为了生存而逐步建立的,当我们不再需要这层屏障时,却缺乏去除它的机制。随着时间的推移,它非但不能起到保护作用,反而可能会损害我们与他人的关系。

我们需要从两个方面审视冲突循环。一方面,需要思考是什么正在干扰我们接纳脆弱的能力。人们常说,我们的秘密有多脆弱,我们自己就有多脆弱。你最不该向自己隐瞒秘密,却一直在这样做。以我为例,我内心的骄傲让我不用为没能创造一份令人满意的职业而感到羞耻。

在婚后的最初几年,我非常努力地想要成为一个贤妻良母,却忽略了自己的感受。当我一直无法达到自己本就不可能达到的标准时,为了保护自己,避免产生自己不够好的感觉,我把所有不快乐都归咎于我的丈夫。将失败归咎于别人,会让自己舒服很多,却也使我忽略了自己的问题。这是人之常情,因为看到缺点会让人很不舒服,但只有认识到自己在哪里是固执的、不切实际的、冲动的、敌对的、反应过度的,我们的人际关系才会产生不同的结果。

通过了解内心最脆弱的自我,可以开始从另一方面思考:是什么在干扰我们,让我们无法放下紧紧抓住的东西。[2] 我们甚至可以思考,减少对情感的控制是否会对紧张关系有所帮

助。此外，也更令人兴奋的是，一旦我们认清自己的本性、想法、行为和不作为是问题的一部分，就能激活自己的力量，成为一个有远见的人。**面对现实需要承认自己的弱点，这是最困难的部分，但其回报也是巨大的，因为当我们注意自己的弱点时，就可以想象我们的关系在向前发展。**

直到今天，米奇对早年生活的看法依然和我不一样。他说他只是在工作，做自己必须做的事。即使我开始更好地顾及自己的感受，我们的关系或米奇的生活也没有受到任何重大的影响。他看到的是我更快乐了。**就像只需要一个人就能破坏一段关系一样，有时候也只需要一个人做出改变就能改善一段关系。**

四个步骤，了解自己的弱点

实际上，你可以通过几个步骤很容易地发现自己的弱点。你可能会觉得这个过程在情感上比你想象的要难实现一些，但最终它会成为你的第二天性。

步骤一，顾及你的感受

顾及自己的感受可能会给你带来不安全感或不适感，这是完全正常的。这个强迫自己慢下来的过程可能会很有挑战性。

然而，回报是你会更诚实地与自己的内心对话，并且拥有与他人更紧密的联系。如果你本能地想哭，那就允许自己体会那种感觉，即使那种感觉很难受，也要这样做。去注意它们，如果它们对你无益，就让它们离开。举个例子，如果你是家里最小的孩子，发现自己经常处于自暴自弃的状态，那么就不要再用自我怀疑和消极的自我对话来掩盖对自我价值的肯定。有时候，我们的感觉是对幼年时建立的模式的防御性反应，但这种模式很可能不再适用于长大后的我们。当你发现它突然出现时，注意它，然后通过一种能体现自我价值的肯定来对抗它，释放一直以来的羞耻感。

步骤二，肯定你的"自我价值"

用一些简单的话，比如"我是值得的"或"我值得被看到"，可能就很有用。这种肯定的重点是建立一个积极的内心故事，这将促进你对自我和内在价值的信念。你需要相信自己有价值，自己值得更好的结果。让能体现自我价值的肯定渗透你的大脑。

步骤三，相信你能处理失望

当我们感到脆弱时，就会敞开心扉去关注结果，包括敞开心扉去关注失败。你要相信，自己可以克服逆境和失败。通过肯定自我价值来提醒自己是非常重要的，因为当你感到被拒绝或被误解时，这会帮助你渡过难关。记住，失败的彼岸是成功。

步骤四，让脆弱激发你内心的力量

这并不意味着你必须在那些并不信任的圈子里和别人过度分享自己的脆弱。相反，它给了你内在的力量，让你远离指责，做出更有力、更令人满意的决定。与其把你糟糕的工作表现归咎于老板，不如让自己变得脆弱，想想其他事情。也许你是一位作者，但稿子一直被主编修改和批评。你可以用不同的方式来回应。比如，你可以认定主编是个混蛋，然后什么都不做。你可以辞掉工作，放弃成为作家的抱负。或者你可以决定从主编那里寻求一些建设性反馈。也许你可以从他们那里得到一些很好的见解，学会提高写作水平，又或者你会发现自己的写作风格并不适合这个职位。当你有信心敞开心扉、直面自己内心的脆弱并寻求建设性建议时，才有机会脱离这种互动，在工作中获得更成功和更有价值的体验。

如果希拉里或西蒙花些时间使用 VIR 协议，就有可能挽救这段关系，更好地支持彼此。如果希拉里能更清晰地想象她在这段关系中的目标，可能就会让自己变得真实和脆弱，并与西蒙对话，认清自己在互动中扮演的角色。当她把这个愿景内化，即使西蒙没有回应，她们也可以用更好的方式分开。让这段关系破裂，她本可以选择一种更干净利落的分开方式。她可以选择承认自己天性随和，习惯取悦他人，而这种不对抗的倾向很可能是问题的一部分。如果她们有过这样的谈话，也许就可以相互妥协，比如让西蒙留下来几个月，以便更顺利地离开，也可以以朋友的身份分开。也许，当西蒙多花几个月的时间帮助希拉里掌握业务诀窍，作为回报，希拉里也会分享更多客户名单给西蒙。在这样的情况下，两家公司都可以蓬勃发展，更重要的是，她们可以继续保持朋友关系。

更好地相处，而不是完美地相处

我们无法在生活中完全消除冲突。尤其是在不加以控制的情况下，冲突会一次又一次地出现。但这并不意味着我们通过 YES 方法学到的技能没用，而这只意味着，也许是时候重新审视一下自己和周围的世界了。结合 VIR 协议和其他策略，我们可以更好地理解自身的情感需求以及对人际关系的情感需求。我们可以阻止这些冲突升级为战争、绝交或彻底的混乱。

正如在本书前面谈到的，相处的第一步是你得明确你们对

与生命中重要的人好好相处 THE SECRET TO GETTING ALONG

一段关系的预期,也就是你们的关系目标。第二步是必须内化完成目标的样子或感觉。以我为例,一次又一次,通过这两个步骤,无论我设定的目标是什么,无论是针对人际关系——与母亲、丈夫和孩子相处得更好,还是针对工作成就——写一本书,发展离婚调解公司,获得更多的演讲机会,当我明确了自己的目标,并全身心地投入它们时,目标就实现了。

THE SECRET TO GETTING ALONG
相处练习

改变主意——写下你的 VIR 日志

　　VIR 协议不仅有利于改善你与他人的关系,还可以使你在自己的生活中获得能量。当我在工作描述中不仅使用"离婚律师"和"调解员"这两个身份,而且增加了"作者"和"演讲者"的身份时,我就经历了这种转变。这个过程听起来可能会让你做出类似于"哦哦"的敷衍性迎合反应,但它确实有效。你真正要做的是重新集中精力,让想法自然地朝希望的方向发展。虽然我们可能无法改变自己的实际情况,也无法改变有时因这些情况和我们一起陷入困境的人,但通过撬动思考和注意力上的这些支点,可以得到更好的结果。

　　下一次,当你在一个特定的情况下,或对一个特定的人感

08　VIR 协议，与人相处的秘密武器

到愤怒时，拿起日记，试试这个写作练习。

1. 想象：写下你希望如何体验这种互动或生活。写下你想要达到的最微小目标。例如，你想在工作中获得更多灵感。

2. 内化：列一个清单，写下获得灵感带给你的感觉。想象一下做什么会让你产生获得灵感的感觉。参照上面的例子，你可以写下想要完成的事情，也许是写一本书，开一个播客，成为一个团队的领导者，或者赚更多钱。闭上眼睛，想象你正在做自己想象的最令人兴奋和鼓舞人心的事情，用自我肯定来抵抗消极的自我对话。写得尽可能详尽。

这里有一个非常重要的提示，那就是你需要每天都这样做，这是因为你在重新连接专注点和注意力。你看待自己生活的方式会逐渐改变，这种新的视角会为发展更好、更健康的人际关系和创造更令人愉悦的环境铺平道路。

3. 实现：当你将想象内化到本性中时，很可能实际上你什么都不需要做，就能实现愿景。只要你把大量的注意力集中在这个积极的方向上，就会实现它。只有当你真正接纳自己的弱点时，才最有可能实现自己的愿景。记住，我们的秘密有多脆弱，我们自己就有多脆弱，当释放它们时，即使只是对自己释放，也能获得让自己感觉更好的能力，以及与他人相处的能力。

THE SECRET TO GETTING ALONG

09

保持冷静，防止冲突升级为混乱

米歇尔最近打电话给我，请我做她的教练，可能还需要请我做她的法律代表。她告诉我不知道该做些什么才能挽救婚姻。一方面，她不想毁掉自己的家庭。这是因为，她丈夫对她和孩子们都很好，很有爱心，是一个很有家庭责任感的人。另一方面，她觉得自己被困住了。有时她甚至感到非常不高兴，她觉得自己的世界正在分崩离析，但又不知道为什么心烦意乱。我们在很短的时间内安排了一系列会面，帮助她看清自己的处境。此外，她还与一位治疗师见了面。这位治疗师可以从心理和行为健康的角度帮助她管理自己的感受。

我们以 YES 方法作为开始。首先，我们尝试弄清楚米歇尔的习惯或思维方式如何影响了她的满足感。她表示除了很挑剔外，很难说出自己在这场冲突中扮演了什么角色。然后，我们一起探索她的内心故事。在这一步，她评估了自己对生活中

与生命中重要的人好好相处　THE SECRET TO GETTING ALONG

各个方面的感受，包括工作、家庭、金钱和爱情。我们逐一讨论了每一项。每当她厘清了一个方面，就可以仔细倾听自己内心的声音，倾听每一件让她心烦意乱的事情。

就在我们对话的时候，米歇尔哭了起来。当我们谈到家庭问题时，她表示自己完全不知所措。在过去的18个月里，她的一个女儿一直在努力解决自己的性别认同问题，另一个女儿一直在想方设法摆脱对成瘾类药物的依赖，两个孩子还患有轻度抑郁症。米歇尔对于如何理解自己的感受、如何更好地帮助女儿处理自己的身份认同这些事，一直存在巨大的内疚感和困惑。此外，无论她身在何处，无论她在做什么，女儿的药物依赖问题始终困扰着她。对两个孩子的担忧始终影响着米歇尔的情绪，她很难摆脱这些事情产生的影响。她还透露，她和丈夫的关系向来不融洽，而且，因为他们对于女儿抑郁症的治疗方案也存在分歧，他们之间的关系变得越来越糟。此外，米歇尔的母亲被诊断出卵巢癌三期，更糟糕的是，她女儿的学校因新冠疫情而停课。事实证明，她当时的生活确实像一团乱麻。可想而知，她当时的思维也是一团乱麻。因为对她来说，这些创伤太大了，她确实很难同时处理它们。

婚姻上的挫折和失望似乎是米歇尔生活中唯一可以控制的部分。她来见我，表示她想向丈夫提出离婚，并向我寻求建

09　保持冷静，防止冲突升级为混乱

议。我建议她考虑一下，她丈夫到底是真正的问题所在，还是她以为问题出在丈夫身上。因为从实际情况看，其他问题都是更长期的挑战。相比之下，丈夫的问题似乎更容易解决，米歇尔也因此更加无法容忍与丈夫的分歧。事情很快就弄清楚了，婚姻问题并不是米歇尔心烦意乱的核心原因。至少从一定程度上来说，离开丈夫的愿望是被其他问题激发的，因为这是一个可以控制的不愉快的问题。然而，我有一种预感，即使她们最终离婚了，家庭问题也无法解决，孩子的问题仍然存在，米歇尔的母亲仍然处于生病状态。

　　在我的建议下，米歇尔没有立即提出离婚，而是搁置了这段感情，继续处理生活中的其他问题。如果她在这种情况下一时冲动与丈夫离婚，无异于雪上加霜。我们需要专注于优先解决更紧要的问题，并且一次只解决一个问题。一方面，对于存在性别认同问题并患有抑郁症的孩子，米歇尔目前能做的只有为孩子寻找治疗抑郁症的方法。她必须接受这个现实。另一方面，对于另一个患有抑郁症并存在药物依赖的孩子，她仍希望提供更多帮助和支持，但她能做的依然很有限。结果，这一切问题和实际情况都让人难以承受。所以，在和我见了几次面后，她决定首先解决由这些混乱引发的自身情绪问题。只有这样，她才能真正参与到与丈夫有关的 YES 方法中。

米歇尔有条不紊地写下了每一个让她心烦意乱的问题。然后,她又将每一个问题细分成若干小问题,并列出这些问题中让她感到恐惧的地方,区分哪些是可以控制和改变的,哪些是必须接受的。在列出了每一个让她感到不安的问题几周以后,她重新思考了那些大的问题,她说自己感到完全不知所措其实是因为已经习惯了为每个人付出一切。

她没有将每个问题都看作一个独立、可处理的问题,而是意识到自己其实一直觉得生活是一场灾难。因此,发生的每一件小事都会让她感觉像是世界末日来临了,因为这相当于在一大堆无法处理的事情上又增加了一件。而通过将每个令人不安的问题视为独立、可处理的问题,她摆脱了世界末日即将来临的感觉,能够平静地处理生活中的冲突。她的睡眠质量也得到了极大改善。她学会了一次只解决一个问题。其中一些需要转变思维方式,另一些需要改变行为方式。她把自己的每一个问题都分离出来,列成清单,然后通过一次解决一个的方式循序渐进地解决它们。

米歇尔发生的改变是:从把生活中的一切都搞得一团糟变成能够倾听自己内心的声音。但这种改变不足以解决问题。米歇尔被太多事情牵扯了精力,她需要弄清楚如何为自己腾出时间,让自我关怀成为日常生活的一部分,以重建内心的平静。她决定改变自己对所有问题都做出快速反应的习惯，敞开心扉，在每个问题出现时都简单地接受和回应。她使用了 VIR 协议，并得出结论：自己需要留出时间来进行自我关怀。她参加的父母互助小组也向她传递了同样的信息。她通过做简单的腹式深呼吸（见第 5 章），创造了一个积极的肯定来对抗自己被压倒的感觉。她的积极肯定从"我值得自我关怀"开始。

此外，通过进行前文的替代解释练习，她开始能够从自己的感受中后退一步，尝试倾听自己内心的声音。她首先和丈夫聊了聊自己对孩子的抑郁症问题的感受，然后，其他对话就顺利地开启了。最终，她为自己设定了一个自我关怀的时间表，从而暂时摆脱生活中大量的混乱，得以喘息。她还制订了一个可管理的日常计划，为自己留出一段时间来解决问题或将其搁置，至少是暂时搁置。

也许你很熟悉米歇尔的故事和奋斗经历。冲突往往会突然袭来，让我们感到无能为力、不知所措，而这些情况其实是可以控制的。在第 10 章，我将告诉你如何在更大规模的冲突中保持冷静。因为如果不加以控制，冲突可能会演变成不受控制的混乱。在这个过程中，我会教你如何在边缘化冲突和灾难化冲突之间找到完美的平衡。

与生命中重要的人好好相处　THE SECRET TO GETTING ALONG

"没什么大不了"和"天要塌了"

在面对巨大的问题或冲突时，大多数人都会倾向于做下面这两件事中的一件：要么把问题边缘化（有时甚至完全回避它），要么把问题复杂化，做出防御性行为，比如指责周围的人，并采取零和博弈的方式来加剧冲突。换句话说，我们会变得非常执着于捍卫自己的立场，从而为冲突火上浇油。这两种反应都是自动的行为模式，对个体和人际关系的发展均无益。[1] 当我们将每件事都变成一场冲突或灾难时，冲突往往会在脑海中继续上演，也会因此制造更多问题，而如果我们能更好地应对冲突，这些问题就不会出现。[2] 此外，如果我们忽视每一个小问题，或者直到为时已晚才去处理它们，就会因为事情和问题积累得太多而使它们失去控制。

根据我的经验，我发现人们通常处于这两种反应的两个极端，我将做出这两种极端反应的人分别称为最小化者和灾难论者。

最小化者是那些把头埋在沙子里，忽视所有问题的人。[3] 他们看起来一直做得很好，直到问题无法控制。他们倾向于长时间回避和忽视问题，而不是在问题还可以控制的时候就去处理，结果导致问题越来越多。最小化者倾向于将每件事都看

09　保持冷静，防止冲突升级为混乱

成"没什么大不了"的。他们是高度警惕者的反面。最小化者忽视问题，假装一切都很好，却没有意识到他们的账单堆积如山，他们的伴侣忽视他们，或者有其他众多严重的问题发生在他们身上。最小化者往往直到问题已经非常严重时才会注意到它们。当最小化者来找我时，他们的问题往往已经升级到让自己寸步难行的地步，他们可能已经拖欠了6个月的抵押贷款，这一切使得他们再也无法对问题视而不见。

灾难论者把每一个小问题都视作一场巨大的灾难，仿佛"天要塌了"。相比于最小化者的忽视和逃避，灾难论者会主动创造更多混乱，他们可能天生焦虑，所以担心所有"如果"，会试图通过解决预期的担忧来平复自己的焦虑，就好像那些预期已经真实发生了一样。如果放任这个过程，他们做出的选择往往会导致原本拼命想避免的结果成为现实，这进一步点燃了他们的焦虑之火，最终让事情变得更加糟糕。

尽管米歇尔不是一个典型的灾难论者，但她的条件反射般的反应，也就是想要一下子解决所有问题的冲动妨碍了她做出良好判断，这让事情有变得更加糟糕的风险。她第一次来找我时，真的觉得天要塌下来了。她时时刻刻都感觉极度无助。在这种情绪崩溃的状态下，决策失误的风险会增加，从而可能会导致更多问题。[4]

雪球效应会同时发生在灾难论者和最小化者身上。不同的是，灾难论者经常制造或夸大面对的问题或冲突，而最小化者则忽视它们，直到无法控制。无论你或你生活中的人处于问题或冲突的哪个阶段，解决方法都是一样的，那就是解开它，解开冲突螺旋，减少压力。即使你身处其中一个极端，仍然可以通过深刻地理解问题，将复杂的问题分解成一个个更容易解决的问题，然后一步步地解决。即使你面对的是高风险的冲突，这么做依然可以减少冲突。现在来看看，当我们感受到压力时，冲突螺旋是如何出现的。

陷入冲突螺旋

冲突螺旋式上升的现象经常出现。一个小问题要么被夸大了，要么被忽视了太久，然后事情就开始像滚雪球一样失去控制。在离婚期间，离婚双方会产生空前大的压力，有无数的冲突扑面而来。当事人的情绪又常常不稳定，没有能力进行清晰的思考。此外，离婚法庭的程序实际上会进一步搅动情绪和制造问题，并鼓励诉讼当事人相互指责，从而引发了更多冲突，而不是沿着解决问题的道路前进。在人们情绪失控的情况下，通常是冲动而不是理性推动了这个过程。

09 保持冷静，防止冲突升级为混乱

情况通常是这样的：客户去找律师，倾诉自己的生活是如何分崩离析的。律师进入战斗模式，开始向法院提交诉讼，并附上极具煽动性的宣誓书，也就是签署的法律文件，讲述故事的单方面版本。另一方律师回应，很有可能用反诉和交叉索赔使争论升级。结果，客户知道的下一件事就是，他们卷入了一场混乱的法庭战争，失去了原本可以和平分开的机会。

也就是说，太多时候，是情绪而不是理性推动了这个过程，以至于期待全部落空了。更加不幸的是，这个过程如果不加以控制，我们越积极努力地争论反而越会造成意想不到的附加损害。这个对抗性过程实际上是为了制造冲突而设计的，而且它在很大程度上是由冲突驱动的，几乎没有缓和的机会。当然，在有些情况下，法庭是必要的，但即使是在这种情况下，客户也可以选择不起诉即将成为前任的伴侣。呼吁停战一直是一个可行的选择。

虽然有时候结束一些关系需要法庭的介入，但通常来讲，解决最激烈冲突的好方法是深呼吸，后退一步，一次只解决一个问题。这是一个可以处理任何类型冲突的重要策略。尽管冲突往往会突然发生，但如果你能够控制自己，在面对严重的冲突时保持冷静，就可以防止滚雪球式的冲突反应或冲突螺旋造成的失控的混乱。

最小化者可能会享受一段时间的表面上的平静，但他们对冲突的回避最终会让小问题失控。他们可能会背上更大、更难以解决的麻烦。因为随着时间的积累，这些问题不太可能自行消失。

灾难论者也不能幸免于制造混乱。他们与最小化者完全相反，是那些最后会在法庭上经历所有打击的人。问题在于，灾难论者时刻感觉天要塌下来的担忧会制造更多现实问题，他们会将分歧夸大到不可思议的地步，直到它成为离婚的理由。

如果你已经陷入了自己造成的冲突螺旋，现在抽身为时不晚。即使事态还算平稳，灾难论者也会感觉事情失控了。但无论冲突螺旋有多失控，你都可以从现在开始，慢慢地、稳定地做出改变，直到事情开始变得有意义，并让你感到平静。

3个策略，让你远离冲突螺旋

有3个很好的策略可以用来化解矛盾：一次只解决一个问题、小步解决和不要为小事烦恼（这比我们通常能够意识到的要普遍得多）。

09　保持冷静，防止冲突升级为混乱

一次只解决一个问题

最重要的是，你要逐一解决单独的问题。试图一次性解决所有问题反而会进一步造成困惑和混乱。例如，在米歇尔的案例中，她将丈夫、孩子和母亲带给自己的压力和想要离婚混为一谈。通过花时间区分这些问题，她才能够与丈夫重新建立联系，并和他一起解决其他问题。

当你被各种问题压得喘不过气时，与其让这些不幸的事件像一个大旋涡一样交织在一起，不如列出每一件让你烦恼的事情，然后循序渐进地去逐一解决。

小步解决

大多数人熟悉法国哲学家笛卡尔的名言："我思故我在。"但我发现他在《方法论》(*Discourse on Method*)中的第二步建议更有用："把每个困难尽可能多地按可行性和必要性分解成更小的部分。"[5]这意味着，从本质上讲，我们定义为"困难"的大多数事情由许多渐进的挑战、冲突或问题组成。每一个组成部分其实都可以克服。当我们开始分解这些问题时，就能看到一个又一个解决方案。这时候，困难便少了。这种方法既适用于解决一般性内部问题，又适用于解决人际关系冲突。

与生命中重要的人好好相处　THE SECRET TO GETTING ALONG

不要为小事烦恼

理查德·卡尔森（Richard Carlson）写的《别为小事抓狂》(Don't Sweat the Small Stuff... and It's All Small Stuff)销量超过500万册是有原因的。[6]认识到什么时候离开——完全离开或部分离开是有意义的，这样你就可以选择退出冲突，避免无用的争吵。认真思考什么是真正重要的，然后接纳自己的和他人的不完美，你就可以防止进一步制造冲突螺旋，避免冲突像滚雪球一样不断变大，甚至演变成战争。

THE SECRET TO GETTING ALONG
相处练习

解开冲突螺旋，跳出矛盾的旋涡

如果你很容易陷入矛盾的旋涡，分解每一个让你心烦意乱的具体情况可能会对你有所帮助。这样做，除了能够让灾难论者冷静下来，列出清单和日程安排还能帮助最小化者在问题失控之前解决问题。与其把这些担忧憋在心里，不如写在日记本上，并在每天或每周安排时间来解决它们。

像下面这样，将问题列成清单：
- 我的责任太重了。
- 我的车总是抛锚。

09　保持冷静，防止冲突升级为混乱

- 前夫总是迟迟不付孩子的抚养费。
- 我没有时间锻炼。
- 我没有时间读书。
- 我总是感到孤独。

当你分解了促成冲突螺旋的各个元素，就可以开始通过对环境做出一些小的改变来行使自己的控制权。你可以列出每一个问题，认真审视困扰你的事情，然后通过深入挖掘和分解每一个问题，将其细化。再次拿起日记本，分析到底发生了什么，这将在你感觉事情即将失去控制时帮你挽回局面。正如本书的其他章节提到的那样，列清单和写日记是用来清晰地分析问题的好方法。

这里把"一次只解决一个问题"和"小步解决"分开，有助于管理和解决冲突。首先，列一个清单，将大问题分解成多个小问题。例如，"我承担的责任太多"可以进一步分解为涉及的每一个人的责任。然后，列出处理每个问题的步骤。例如，创建一个包含不同时间模块的时间表可能有助于缓解你的压迫感，或者你需要的可能只是创建一个清单，当压迫感出现时，借助这个清单采取行动，并检查每个项目。

其次，对清单中的项目继续分类，也就是将几个项目作为一个组来处理。比如，"我没有时间锻炼"和"我没时间读书"这两个问题都可以通过设计（并遵循）一个时间表来解决。

下面是拆解"我承担的责任太多"的例子。

213

与生命中重要的人好好相处　THE SECRET TO GETTING ALONG

像下面这样为所有你认为自己应该负责的事情列一个清单，例如：

- 烹饪；
- 清洗；
- 带孩子；
- 家庭装修；
- 委员会领导；
- 整理文件；
- 向上级汇报；
- 给你的员工授权；
- 主持会议；
- 教两节瑜伽课；
- 照顾母亲。

在清单上的每一项旁边，写出哪些事情是可以放弃的，哪些事情是可以明确委派给他人的，哪些事情又是你真正需要自己做的，以及哪些事情是你想做的。在那些你可以放弃的项目上画一条线，将能委派给他人的任务委派出去，并在每一项任务旁边写上委派人的名字。就我而言，我需要参与录制我自己的播客访谈，但上传社交媒体图片是我可以放心地委派给他人的事情。当然，与委派人核对工作完成情况可能会被添加到你的责任清单中，但这应该会是一个占用时间更少的任务。

09　保持冷静，防止冲突升级为混乱

解放自己，将任务委派给他人

很长一段时间，我都在独立处理事业和生活的方方面面。除了作为离婚律师、调解人、公众演说家和作家，我觉得自己还必须亲自做营销、研究、推广、网站、搜索引擎优化。总之，你能想到的，我都做了。在家里，情况也一样。多年来，家里的大事小事都由我安排。（注意，我没有提到清洁，因为我一直很乐意让别人代劳。）这太疯狂了。我总是把手机拿在手里，一边忙着工作上的事，一边忙着家里的事，但都完成得马马虎虎。

我意识到我把很多压力都归咎于我丈夫米奇。我觉得自己必须做所有事情，而事实上，米奇也很有能力，可以分担很多我的工作。当我看到他独立做完很多事情而这个世界也不会因此分崩离析时，我开始能够更自如地委派工作。

你可能也像我一样在很长一段时间内包揽一切，甚至没有意识到自己有能力将任何特定的任务交给他人。如果将任务委派给他人，你会惊讶地发现自己其实很善于这样做。尽管养成一种新的做事方式刚开始时可能会占用你更多时间，但从长远来看，这是值得的。虽然孩子们可能已经习惯了你精心准备的奶酪三明治和芒果片，但他们可能也会接受学校午餐或你的伴

与生命中重要的人好好相处　THE SECRET TO GETTING ALONG

侣做的相对糟糕的食物。孩子们甚至会更喜欢他们自己做的午餐。

当你考虑哪些责任是你想保留的、哪些责任是你想放弃的时，你就会发现别人其实可以帮你分担责任，而且并不是每件事都需要完成，至少不是以你想的方式完成。你可能会觉得这听起来太完美了，实际上足够好可能就是完美！就像本书第二部分在审视需求和欲望时一样，你要再一次问自己一个一直很重要的问题：为什么？你想要承担某种责任的愿望是一种需求还是一种欲望？重新评估你的每一项责任。思考如果你继续承担某项任务，最好的和最坏的结果分别是什么；然后思考如果将任务委派给他人，最好的和最坏的结果分别是什么。也许你可以完全忽略某些要求。比如，叠衬衫是不是从中间对折真的没关系，即使你不喜欢，也不会有什么影响。而且，如果每个家庭成员都自己洗衣服，或者从你床上那一堆衣服中拿出自己的干净衣服，这也没关系。这样一来，你每天都能节省一段时间，并且这也能节省你大脑中的宝贵空间。

这种方法也适用于焦虑管理和处理可能已经岌岌可危的人际关系问题，就像米歇尔的情况一样。为了避免让自己的问题像滚雪球一样越滚越大，也为了避免把丈夫踢到一边（尽管这能带来一时的解脱），米歇尔单独考虑了导致她痛苦的每一个

09　保持冷静，防止冲突升级为混乱

因素。这让她逐渐摆脱了天要塌了的感觉，并从离婚的边缘走了回来。当灾难性的想法或反应发生时，人们常说的"后退一步"反而是最好的前进方式。

10

相处是一个持续的过程

相处是一个需要持续投入的过程。在冲突面前，即使我们该说的都说了、该做的都做了，可你会发现冲突依然很难彻底结束或"解决"。我们能做的，就是学会管理冲突。这没什么大不了的，真正重要的是，在那些对我们来说重要的关系和事情上，我们能够主动创造机会，与他人进行深入、直面脆弱的坦诚对话。在处理冲突时，我们往往会过分执着于获得和平的信念。实际上，接受"和平永远不会持久"这一事实反而能帮助我们更好地应对冲突，使我们能够在前进的道路上努力维护关系、克服障碍。

相处的艺术包括两个不同的部分：内部管理和外部管理。内部管理是我们对冲突的思考和感受。当我们处于情绪激动的状态时，没办法进行清晰的思考，经常做出冲动的反应而不是回应。外部管理是我们在感到不舒服或被逼到极限时，对自身表现的管理。我们的行为是引发或避免与自己和他人发生进一步冲突的关键。只有同时关注内在和外在两个部分,我们才能开始改变生活中的互动模式,在家庭、职场、社会以及内心建立更牢固的关系。长期的幸福取决于人际关系质量。在日常生活中,我们总会遇到与一些人意见不一致的情况,但要知道,可以用更好的方式去应对这些情况。我们需要经常问自己,这场让人义愤填膺的争论需要付出的代价是否值得。

大约 5 年前,父亲病重。我们的关系一直很紧密,他是我最坚定的后盾,但也是我最讨厌的人。(对不起,爸爸。)我和三个孩子以及我丈夫米奇住在马萨诸塞州西部,父亲当时住进了纽约市的勒诺克斯山医院。在我到达医院之前,他已经出现急性呼吸衰竭,处于昏迷状态。在接下来的 9 周里,在弟弟、米奇和母亲(我父亲的第一任妻子)的支持下,我几乎将所有时间用来照顾父亲,穿梭在医生、他当时的女朋友和他的第二任妻子(我的前继母)之间,协调各种事务。幸好,他渐渐恢复了意识,尽管再也无法完全独立生活了,但至少他能够在马萨诸塞州,也就是我家附近安享晚年。

在父亲生病的那些年里,照顾他成了我和弟弟的责任。我们一直很亲密。弟弟非常有趣(就是有时候他的话语中略带讽刺意味),而且总是很慷慨,但在照顾父亲的问题上,我们的意见并不总是一致。我既是一个最小化者，又是一个灾难论者，当然这取决于具体的事情和环境，而父亲当时出现了许多令人抓狂的新状况。有时，我和弟弟也会闹得不太愉快，但我们没有深挖我们之间的分歧，而是利用各自的优势，找到了一种分担责任的方法，从而达到既能让父亲得到最好的照顾，又能不损害我们的关系的目的。在我看来，我们是非常幸运的，这是因为在父母离婚后我们不经意间养成了很强的冲突管理能力。当然，是父母为我们树立了冲突管理的榜样。

以下是 YES 方法对我们产生的影响：我们在处理自己的难题时，都非常清楚自己的长处和短处。我和弟弟都了解自己的角色，并坚持做自己擅长的事情。我能够透彻地研究护理方案，但没有心力做护理费用的预算。我弟弟不太善于深入了解父亲真正需要什么样的护理，但他在处理财务和后勤工作方面表现出色。大多数情况下，我和弟弟各司其职。我们在必要时互相支持，让这一切顺利进行。我们都有自己的情感故事，也都小心翼翼地满足自己情感上的需求，通过履行各自对父亲的责任和义务来表达对他的爱。

我在情感上的需求是做一个细心的女儿。为了满足这一点，我尽了最大努力确保父亲在远离他在纽约的家时依然能与人交往，并且在他有生之际有家人陪伴。弟弟的情感需求是以

与生命中重要的人好好相处　THE SECRET TO GETTING ALONG

一种更务实的方式表现孝心,他是通过处理财务问题来实现的。弟弟一直在支持我,帮助我处理很多我无法完成的事情。我们都很善于处理冲突,采用的方法就是搁置冲突。也许在我们很小的时候,父母就这样教育我们。当涉及彼此之间的交流时,我们都有明确的边界。我们将那些可能会引发激烈冲突的谈话暂时搁置,然后等双方都感到平静时,再进行讨论。

谈到我们之间的相处,说得更深入一点,我绝对是一个很坦率的人,而弟弟虽然比较内敛,但也有使自己保持开放的方式。由于我们的关系长期以来一直都很亲密,当冲突发生时,很容易找到根本原因。

父亲在我写本章时的一年前去世了,我和弟弟的关系也在我们处理新出现的冲突时变得更加亲密。我们都想和家人共度美好时光,但有时候在哪里共度是个问题。

孩子们相亲相爱,但有时相处得并不融洽。**相处真的是一个不断给予和索取的过程。妥协、让步和宽容为我们处理彼此之间的冲突铺平了道路,并为孩子们树立了榜样。**即使你很擅长处理冲突,冲突也依然是一份能不断给予你新东西的礼物。

10 相处是一个持续的过程

平静更有利于维持健康的人际关系

正如我们在介绍中提到的,如果你真的想将保持身心健康作为生活的中心,那么良好的人际关系很重要。也就是说,我们如何与伴侣、朋友、家人、同事、熟人甚至陌生人相处其实都很重要。

平静会给人一种内心平衡的感觉,这是一种平和、轻松的感觉。即使这种平静颇具挑战性,但训练"平静"这块"肌肉"确实很重要,因为它能在我们的一生中支持我们维持健康的人际关系。没有牢固、长期的人际关系,健康也会受到影响。努力与人相处,即使是在困难的情况下,你也会让自己的生活变得更好。

为了与他人更好地相处,特别是当我们被迫与他人相处时,更需要保持我们内心的平衡。**内心平衡让人们能够把握节奏并明确自己在关系中的角色。**这让我们有能力打开一个中立的空间,然后倾听,并且有力量去建立更清晰的边界。

现在,你需要将每一个新的冲突视为一次机会,而不是一场灾难。以我和弟弟为例,尽管我和弟弟有时意见不一致,并且彼此都会认为对方很固执,甚至有点任性,但我们都认为我们之间的关系很重要。于是，我们都感受到了平静、冷静和沉着。

通过使用YES方法，你已经知道，最好不要用零和博弈的方式去处理冲突。相反，处理冲突的过程应当是一个争取双赢的过程，即使是冲突双方的个性和需求存在显著差异，达成妥协有时也并非难事。

处理冲突开始于每个人各自后退一步，然后再向前走。在这样的情况下，双方都可以更冷静地看待自己在冲突中的选择，而不是通过本能反应让冲突变得更加激烈。例如，对其中一方来说，在晚上睡觉前把厨房打扫干净很重要，而另一方更关心的可能是一起悠闲地坐在桌子旁聊天，然后在睡觉前打扫完厨房，即使这样会导致晚睡也仍愿意如此。

无论冲突最终如何解决，我希望你能够尽可能冷静地面对它，给自己足够的时间决定何时妥协，什么时候停止争论，什么时候搁置甚至结束互动。

当你感觉互动具有挑战性时，你可能会觉得自己很难获得松弛感。这时，延缓反应过程能让你获得松弛感。这里有一些简单的方法，可以帮助你在应对冲突的过程中保持平静。

10 相处是一个持续的过程

充足的睡眠有利于化解冲突

这听起来可能很简单,但当你感到身心失调和失衡时,要问问自己有没有保证充足的睡眠。为了能够清晰地思考,休息是必不可少的。睡眠可以让你恢复体力,帮助你在一天结束时修复大脑。如果你有睡眠问题,一定要予以关注。以下是一些有助于改善睡眠的建议:

- 坚持固定的睡眠时间表;
- 限制白天的小睡时间;
- 吃健康的食物;
- 睡前半小时关掉电灯和电子设备;
- 注意你吃的东西,不要饿着肚子去睡觉;
- 创造一个宁静的环境;
- 使用睡眠冥想应用程序。

当然,仅仅靠睡眠并不能让焦虑且容易激动的大脑平静下来。然而,充足的睡眠能让你以最好的状态使用 YES 方法。一个得到充分休息的大脑更容易进行自我反省,改变不良习惯,倾听他人,并建立什么可以改变、什么必须接受的清晰认知。你应该尽可能少地使用助眠药物。当然,在必要时,在医生的指导下,使用这类药物可能对你更有帮助。

与生命中重要的人好好相处　THE SECRET TO GETTING ALONG

妥协、让步和宽容

有时，放弃一段关系是唯一的选择，尤其是当某些情况和互动变得不健康时，你必须离开。然而，在许多情况下，妥协可能仍然是最好的解决方案。如果你发现自己倾向于与某人断绝关系或以其他方式限制一段关系的发展，考虑一下这段关系是否有着特殊的重要性。

蕾切尔是一家大型投资公司的风云人物，她与一位有权势的银行家约翰建立了关系，希望他能成为自己公司的客户。几周后，她获得了一次梦寐以求的面谈机会，约翰同意合作并开出了极优厚的价格。当她离开时，他却对她说："如果你不这么咄咄逼人，你不可能拿到这个价格。"这句话让蕾切尔感到尴尬和羞愧，她觉得自己受到了极大侮辱。她的内心充满矛盾。一方面，她想训斥他，给他一个深刻的教训，让他知道什么才是"咄咄逼人"。另一方面，她又不想放弃到手的订单，但就此妥协的话，她会感觉十分不舒服。于是，她决定采取中间立场。她没有提出异议，也没有感谢他抽出时间，而是用带着亲切又坚定的微笑反驳道："是坚持不懈。"

虽然约翰的评价让蕾切尔感到困扰，但她并没有因为约翰使用了这样一个歧视她的词就冲动地回击。她选择了一种平和而坚定的方式为自己辩护，并成功达成了交易。要明白，让步是针对具体情况所做出的，不是一刀切的、全方位的妥协。在蕾切尔遇到的这种情况下，约翰的话确实冒犯了她。对一些人来说，这种冒犯充满敌意，因此应该立即回击，而对蕾切尔来说，相比于回击，放弃花了这么多时间和精力才争取到的合作，代价实在太大，所以她决定妥协。有时候，向他人甚至向自己妥协是最好的前进方式。记住，你有权决定什么时候妥协、什么时候放弃。

妥协是双方达成的协议，指双方都对彼此的要求各退一步。让步或宽容通常是单方面的，是我们给予他人的东西，没有明显的交换意味，不需要回报。我们可能会做出让步，只是因为觉得这是正确的事情，或者因为别无选择。例如，无论对错，相比于其他孩子，我们可能会在行为上对具有神经多样性的孩子更为包容。大多数时候，妥协会让你感到踏实和满足。让步和宽容会让你觉得自己做了该做的事。当两个人互相让步和彼此宽容时，他们可能就会达成妥协，将独舞变成双人舞。

我和弟弟在讨论父亲的病情时，我们彼此都做出了很多让步，总的来说，这些互相让步都是妥协。我认为父亲需要每天和熟悉的人在一起，而弟弟想做一些财务上的决策。我们对彼此的选择可能有不同的看法，但为了保持平衡，我们决定尊重

与生命中重要的人好好相处 THE SECRET TO GETTING ALONG

对方的选择。不过这并不意味着我们之间不会产生冲突。例如，有一段时间，我觉得我父亲需要护工的更多陪伴——这是我负责的方面，但请护工需要花钱——这是弟弟负责的方面。我们没有为此大吵一架，而是把问题摊开，达成了一个双方都能接受的安排，这既让父亲得到了更好的照顾，又使我和弟弟的关系免遭破坏。我们一直在互相让步。在完美的情况下，双方都会这样做，但有时，哪怕只有一个人这样做，也依然有必要从更广阔的角度来看待正在发生的事情。

有时，尤其是在长期关系中，让步或宽容是必要的。例如，一方认为早到很重要，而另一方则习惯迟到。这种冲突的解决方案可能是达成妥协，比如在某些情况下达成一致，包括什么时候早到很重要（比如赶飞机），什么时候晚到没关系（比如没那么重要的聚会）。对于这两种情况都不太适合的约会，可行的解决方案包括同意在约定时间的15分钟内到达，或者你们可能更喜欢在各自有空的时候分别到达。让步是指你同意做某事而没有得到任何回报。例如，如果你丈夫总是迟到，那么为了不影响你们之间的关系，你可能需要容忍他在参加一些对准时到达的要求没那么高的活动时迟到。乍一看，当涉及让步时，我们看到的似乎只有给予，没有索取，但在更深的层面上看，让步和宽容给了我们一份礼物，那就是无须付出太多代价就能获得的长寿和心理稳定。

10 相处是一个持续的过程

为了在这个世界上生存下去,让步和宽容是所有人必须持续实践的日常行为。在这个世界上,总有人和我们看事情的角度不同,想要的东西不同。当我们得到了大部分想要的东西,例如,看了一部爱情喜剧片而不是伴侣更喜欢的间谍惊悚片,那么就不得不在其他方面做出让步来保持平衡。因此,可以在下次外出吃饭时选择伴侣喜欢的牛排店,而不是我们自己喜欢的日料店。这都是关于给予和获得的循环。也许关系的微小裂痕可以通过同样微小的修补之举改善。

西莉斯特是一所知名大学的教授。她的孩子们早已长大成人,有了自己的生活。于是,工作成了她生活的重心。她为此付出了全部精力,也收获了巨大的快乐。然而,突然有一天,她任职的大学决定取消她所在的整个系,这意味着她的职位即将不存在。这对她的公平感和成就感都造成了重大的打击。校方没有让她提前退休,而是为她在另一个专业中安排了继续教授类似课程的工作。这种变化对她来说极其不公平,她失去了许多同事。这让西莉斯特开始质疑留在这所大学的决定是否正确,然而,出于个人和经济原因,离开并不是一个真正明智的选择。她允许自己对失去的工作环境感到失望,并列了一张清单,列出了需要做的事情,以便在工作中恢复平静。她牺牲了自己的公平感,因为她知道为了家庭和幸福,自己必须保住工作。面对新同事不同的做事方式,她选择了宽容,做出了让步。通过这种方式，她能够让新的健康关系随着时间的推移而发展。

相处的秘密

希拉里和西蒙都被逼到了墙角，因此她们没有意识到这段关系的重要性，所以在没有倾听彼此的情况下切断了有意义的对话。她们没有调整彼此之间的边界，也没有采取任何措施让自己变得脆弱，从而改变关系的发展方向。她们明明是很长时间的朋友，也都很珍惜彼此的友谊。然而，她们缺少解决分歧的工具。结果，她们只能渐行渐远。但是，让我们假设希拉里和西蒙能够通过YES方法来挽救她们的友谊，她们的目标是通过妥协、让步和宽容来获得平静。

事情本可以有不同的结局。她们中只要有一个人抛出橄榄枝，就不至于切断联系。当然，这并不意味着她们能像以前那样依然成为最好的朋友，但在昔日友情的基础上，她们本可以开辟一条前进的道路，在生活中不至于完全失去彼此。

她们中的一个人只需要与另一个人分享一个有趣的表情包或发送一条短信，就可以开启关系的缓和之旅。或者，让争吵少一些就能改善关系。再或者，即使她们在经营理念上存在分歧，也可以坚持履行每年共享一次节日大餐的约定。或者，通过与双方的家人一起在一家

10　相处是一个持续的过程

熟悉的、每个人都喜欢的餐馆见面，创造对话的机会。尽管一起做生意并不意味着要长期合作，但她们的互动对于维持长久的关系依然很有帮助。她们彼此信任，也都有幽默感，还认识彼此的家人，用很少的言语就能够有效地交流。如果她们能以不同的方式处理这次分离，那么在之后的生活中，她们仍可以在艰难的时候得到一位老朋友的安慰，在事情进展顺利的时候彼此分享喜悦。

当然，即使希拉里和西蒙使用了 YES 方法，解决了她们的冲突，随着时间的推移，新的问题依然会出现。问题也许会发生在一次家庭度假或者和朋友一起吃早午餐时。西蒙和希拉里有不同的性格和追求，但她们确实可以保持朋友关系，甚至支持彼此的事业。她们本可以做一些不同的事情，而不是彼此防御并断绝关系。

了解各自在冲突中的角色和互动方式，可以为更好的冲突管理铺平道路。随着时间的推移，她们可以审视自己和对方，运用 YES 方法帮助彼此克服任何可能破坏友谊的障碍。

她们本可以更为平静地对冲突做出反应，彼此宽容，在必要的时候搁置一些对话，并选择妥协或做出让步。两人的关系原本有机会得到发展，但结果恶化了。

与生命中重要的人好好相处　THE SECRET TO GETTING ALONG

为更平静的当下创造空间

每次冲突的结束都会让我们有片刻的休息时间，享受一种平静的感觉。它让我们注意到什么时候感觉良好，什么时候可以揭开盔甲上的面纱。每个结局，都是一个新的开始，是一个让人精力充沛的时刻。然而，除非我们彻底切断关系（这是在极少数情况下的选择），除此之外，**只有当我们平静地面对冲突，不断妥协、让步和宽容时，冲突才会真正结束。**

例如，在离婚过程中，当分居协议尘埃落定时，这已经是谈判的终点。因为财产分配、债务分配、赡养费、监护权等相关问题都已经解决了，似乎真的没有什么可讨论的了。但是生活充满了细微的差别，即使离婚后的基本规则已经确定，协议的履行仍然需要继续微调或不断协商。当然，有些人把这个终点看作再次开始战斗的号角。可惜，在某些情况下，离婚是一份需要你不断给予的过程。如果你发现自己和一个不讲道理的人陷入了无休止的争吵循环，要弄清楚自己的角色，控制情绪，把不必立即进行的对话暂时搁置，这一点尤为重要。只有这样，无论是现在还是将来，你才能获得更好的长期结果。

冲突会让人感到空虚、沮丧、疏离和孤独。当冲突出现

10 相处是一个持续的过程

时，要提醒自己，这只是人生中的一个时刻，它终究会过去的，这个信念能创造机会，让你的情绪稳定下来。有了这个信念，即使仍然身处目前的风暴中，你也能感到平静。

你可以尝试探索如何将妥协、让步和宽容转化为更强大的动力，然后让你们的关系得到发展，并规划一个更好、更和平的未来。

THE SECRET TO GETTING ALONG
相处练习

不做"压路机"，也不做"受气包"

如果你不确定你在从"受气包"到"压路机"的连续过程中，扮演什么样的角色、有什么样的特征，表 10-1 提供了一个可以快速浏览的想法清单，能够帮助你判断和定位。

表 10-1 从"压路机"到"受气包"的角色特征

"压路机"	平衡	"受气包"
你期望并要求同伴遵守你的时间表	你乐于就日程冲突进行协商	你总是屈服于遵守同伴的时间表
无论情况如何，顺其自然是唯一可以接受的结果	你能很自如地提出自己的需求，也能积极倾听对方的需求	当你要求同伴为你做某件事或给你什么东西时，你会感到内疚

续表

"压路机"	平衡	"受气包"
你随心所欲地做自己喜欢的事情，并且知道同伴总在各个方面帮你收拾烂摊子	你能履行好自己的责任，并照顾好自己	你总是在收拾同伴的烂摊子，承担对方的责任，为对方的失败或缺点找借口
当你的同伴让你失望时，你会直接让他们知道	当同伴让你失望时，你可以用尊重对方的方式让对方知道	你不愿意指出同伴的错误，这会让你感到不舒服，你总是倾向于避免正面冲突
诚实和坦率比试图保护同伴的感情更重要	你能很自在地讨论让你不舒服的话题，并愿意倾听对方的想法	与同伴保持和谐关系比表达你的想法更重要
为了达到目的，你会不择手段	你愿意做出让步或妥协。但是，当你们意见不一致时，你仍然会在重要的问题上坚持自己的立场	你会习惯性地忍气吞声
正确对你来说是最重要的	总有一个解决方案或多或少地可以让每个人都满意	和平比什么都重要
唯一令人满意的结束讨论的方式是让同伴同意你的观点	你可以求同存异、妥协或做出让步，但仍然对结果感到满意	你总是顺从同伴的想法和意见，不顾及自己的想法和感受

在这个练习中，"同伴"指的是你正在评估的关系中的另一方，包括伴侣、亲戚、朋友、同事或其他人。

10 相处是一个持续的过程

虽然这个问题的本质很容易看清,但它能很好地提醒你注意自己对冲突的习惯性反应。当你处理每一次互动时,问问自己,可以通过哪些不同的反应来引出一个更平衡的结果。

健康的关系有一个保持平衡的妥协系统,会随时间的推移不断地给予和接受。有时,从定义上看是单方面的让步和宽容,但这对于保持长期平衡是必要的。然而,如果你发现自己总是屈服,只是因为觉得顺其自然更容易,要小心,你可能会迷失自我。如果你就是"受气包",随着时间的推移,可能会因自己在这些关系中的角色而怨恨自己。你不断告诉自己你的观点或欲望并不重要的习惯,只会带来越来越少的回报。在一段关系中,当只有一方为了"良好的关系"而反复做出让步时,随着时间的推移,这最终会破坏你们的互动,造成一种不平衡的关系状态。

如果你总是随心所欲,即使自我感觉很好,也要考虑一下这种不平衡会给你们的关系带来的负面影响。试着为他人创造表达想法、观点和愿望的空间。通过创造这样的空间,你也为达成共识和你们的关系发展创造了机会。无论你是给予太多还是索取太多,都该从头开始使用 YES 方法了,问问自己是如何导致或制造了现在面临的这些问题的。

与生命中重要的人好好相处　THE SECRET TO GETTING ALONG

　　有些关系确实需要结束，但很多时候，通过使用 YES 方法，我们可以与他人相处得很好。即使无法拥有完美的相处模式，至少可以拥有更好的相处模式。相处真的是一门艺术。我们需要了解自己如何思考、感受和行动。在我们的生活中，也在我们的关系中，当我们花时间去经历这些过程时，我们就创造了机会，让自己在这个世界上获得更完整的生活和人际关系。

后 记

没有最好，但可以相处得更好

当合作已经变得不可能，通常来说，在直接解除关系之前，要记得，你还有其他选择。当事实证明达成共识是不可能的时，回想一下 YES 方法中的工具。

管理你的预期，认识到自身的局限性，明白每个人的情绪反应并不总是相同，这些都会让你受益。在你所有的生活环境中，相处和感觉良好有时类似于一场精心编排的双人舞，后退一步，然后认识到什么时候推、拉、托，什么时候转身，这能让舞蹈更好地进行。当你觉得冲突没法应对时，反思一下自己的角色，思考一下内心故事，如果目前的互动会导致无谓的争吵循环，那么尝试搁置对话或关系。

与生命中重要的人好好相处　THE SECRET TO GETTING ALONG

　　记住，相处的秘诀是，虽然在大多数情况下，你永远无法拥有完美的相处模式，但在大多数情况下，**使用 YES 方法，可以与他人相处得更好。**

致 谢

感谢我的客户和导师，没有他们就没有这本书。

感谢我的经纪人和 Aevitas Creative Management 公司的工作团队，感谢珍·马歇尔（Jen Marshall）的直言不讳、远见卓识和友谊，感谢贾斯汀·布鲁卡尔特（Justin Broukaert）以他的乐观和机智帮助我将另一本书推向市场，感谢埃琳·法尔斯（Erin Files）确保了这本书在中国和其他地方的海外版权。

我非常感谢亚历克西斯·加尔加利亚诺（Alexis Gargagliano），他是我的开发编辑，在本书处于构思阶段时，他让我的创意灵感得到了充分的激发。我还要感谢我亲爱的朋友兼提案编辑温迪·福斯特（Wendy Foster），她非常细致地让这个项目最终成为一个有形的产品。如果没有他们二人，我的思想和文字可能还在脑海中徘徊，无法落在纸上。

与生命中重要的人好好相处 THE SECRET TO GETTING ALONG

感谢令人难以置信、敏锐而善良的图书编辑安娜·米歇尔斯（Anna Michels）的耐心和对本书的关注，以及抽出时间参加我的 TEDx 演讲！感谢 Sourcebooks 出版社的整个团队将本书推向市场。

我非常感谢很多人，他们以各自的方式为我提供了支持。感谢乔治亚·威（Georgia Uy）在幕后为我做的很多工作。吉尔·谢勒·默里（Jill Sherer Murray）是一个创意天才，也是我的私人啦啦队队长，谢谢你。感谢我的同事、亲爱的朋友和导师苏珊·格思里（Susan Guthrie）。没错，你可以在社交媒体上交到真正的朋友！感谢劳伦·霍兰德（Lauren Hollander）抽出时间耐心地阅读这本书的每一页内容。

万分感谢达纳·韦纳（Dana Weiner）和阿塔拉·特韦尔斯基（Atara Twersky），他们是我的老师、灵魂伴侣、时尚顾问和一生的好朋友，是他们陪我渡过了新冠疫情以及其他很多艰难的时刻。感谢珀尔·洛克伍德（Pearl Lockwood）、琳恩·斯特拉斯菲尔德（Lynne Strasfeld）、谢丽尔·诺普（Cheryl Knopp）、詹妮弗·布拉科（Jennifer Bracco）和丹妮尔·德迈奥（Danielle Demaio），感谢你们的倾听——尤其是在最艰难的时刻。

致 谢

我还要感谢其他所有充满活力、睿智、支持我、内心强大的女性朋友,她们是:丽莎·戈德斯坦(Lisa Goldstein)、丽莎·考夫曼(Lisa Kaufman)、丽莎·波塔什(Lisa Potash)、安德里亚·科汉(Andrea Cohane)、波利娜·卡库乔(Pauline Cacucciolo)、卡特琳·范埃特维尔德(Katrien van Eetvelde)、艾米·沙茨(Amy Shatz)、卡琳·布劳塞(Caryn Brause)、莱斯利·斯卡斯(Leslie Skantz)、瓦莱丽·维尼奥(Valerie Vignaux)、罗宾·鲁多维奇(Robin Rudowitz)、吉尔·法尔科内(Jill Falcone)、玛拉·哈齐默斯(Mara Hatzimemos)、勒妮·韦茨坦(Renee Wetstein)、艾米·里希特(Amy Richter)、杰西卡·贝里恩(Jessica Berrien)、珍妮·杨(Jenny Yang)、蒂娜·芬内兰(Tina Finneran)、朱莉·朱尔曼(Julie Jurman)、金·莱尔曼(Kim Lehrman)、贝丝·诺塔尔(Beth Notar)、卡伦·索伦(Karen Soren)、埃利萨·米勒(Elissa Miller)和特里什·彼得松(Trish Peterson)(我8岁时就认识她了)!如果没有你们的想法、观点、认可、坦诚和陪伴,我真的无法想象自己如何完成这段旅程。几十年来,你们忍受着我的喋喋不休和我天马行空的杂乱想法。你们以无数种方式丰富了我的生活,我永远感激你们。

感谢我的父母彼得(Peter)和露丝(Ruth),我的继父特里(Terry),我的祖父母及外祖父母伊尔塞(Ilse)、沃尔

与生命中重要的人好好相处　　THE SECRET TO GETTING ALONG

特（Walter）、萨莉（Sally）和乔（Joe），还有我的叔叔阿姨们。他们给了我无尽的爱和支持，他们是我优秀的老师和榜样。我还要感谢我亲爱的表兄弟和堂姐妹：彼得（Peter）、拉里（Larry）、史蒂文（Steven）、卡米拉（Camilla）、亚当（Adam）、芭芭拉（Barbara）和戴维（David），他们几十年来一直支持着我，即使我们意见不合——这种不合的次数比你想象的要多，他们依然支持我。感谢我的兄弟姐妹马尔塞洛（Marcello）、卡琳（Caryn）和卡罗尔（Carol），他们是我的知己、伙伴和朋友。谢谢你们从一开始就支持我，和你们一起生活是我此生最美妙的旅行。

当然，我最深切地感谢我的丈夫米奇（Mitch），还有我们的三个有趣、可爱、鼓舞人心的儿子里德（Reid）、马克斯（Max）和扎克（Zac）。他们从不让人失望，每次都能参与进来，让我总能意识到相处的重要性。

我爱你们所有人。

参考文献

前言　如何更好地与人相处

1. Katie Bohn, "COVID-19 pandemic may have increased mental health issues within families," *EurekAlert!* Online, April 12, 2021.
2. Britannica, T. Editors of Encyclopedia, "conflict," *Encyclopedia Britannica*, February 3, 2014.
3. Susan Krauss Whitbourne, "5 Reasons We Play the Blame Game," *Psychology Today*, September 19, 2015.
4. Benjamin Garnder and Amanda L. Rebar, "Habit Formation and Behavior Change," *Oxford Research Encyclopedia of Psychology*, April 26, 2019.

01　认清你的角色

1. Kimberly Holland, "Amygdala Hijack: When Emotion Takes Over," Healthline, September 17, 2021.
2. Cecile Andrews, "Social ties are good for your health," *BeWell*, August 16, 2021.

3. Elle Hunt, "What does it mean to be a 'Karen'? Karens explain," *The Guardian*, May 13, 2020.
4. Kate Murphy, "You're Not Listening: What You're Missing and Why It Matters," New York: Celadon Books, 2020.
5. Gwen Moran, "How To Be Objective When You're Emotionally Invested," *Fast Company*, December 9, 2014.
6. Nadine Jung, et al., "How Emotions Affect Logical Reasoning: Evidence from Experiments with Mood-Manipulated Participants, Spider Phobics, and People with Exam Anxiety," *Frontiers in Psychology* 5, October 2014.

02 驾驭你的习惯

1. Society for Personality and Social Psychology, "How we form habits, change existing ones," *ScienceDaily*, August 17, 2021.
2. Benjamin Garnder and Amanda L. Rebar, "Habit Formation and Behavior Change," *Oxford Research Encyclopedia of Psychology*, April 26, 2019.
3. Elaine N. Aron, "The Power of Inner Silence for the Highly Sensitive," *Psychology Today*, June 18, 2018.
4. Marla Tabaka, "Most People Fail to Achieve Their New Year's Resolution. For Success, Choose a Word of the Year Instead," *Inc.*, January 7, 2019.

5. Madhuleena Roy Chowdhury, BA, "The Science & Psychology Of Goal-Setting 101," *Positive Psychology*, February 15, 2022.

03 保持中立，创造更多可能性

1. Sylvia Xiaohua Chen, "Harmony" *The encyclopedia of positive psychology* (London: Blackwell Publishing), 2009.
2. Jeremy Shapiro, "Finding Goldilocks: A Solution for Black- and- White Thinking," *Psychology Today*, May 1, 2020.
3. Rongjun Yu, "Stress potentiates decision biases: A stress induced deliberation-to-intuition (SIDI) model," *Neurobiol Stress* 3, (2016): pp. 83 – 95.
4. Laura B. Luchies, et al, "Trust and Biased Memory of Transgressions in Romantic Relationships," *Journal of Personality and Social Psychology* 104, no. 4 (2013): pp. 673 – 694.

04 要思考"为什么"，更要关注"是什么"

1. "The Quiet Power of Empathic Listening," Mental Health First Aid, September 27, 2017.
2. Julianne Ishler, "How to Release 'Emotional Baggage' and the Tension That Goes with It," Healthline, September 16, 2021.
3. P Wesley Schultz and Alan Searleman, "Rigidity of Thought and Behavior: 100 Years of Research," *Genetic, Social, and General*

Psychology Monographs 128, no. 2 (May 2022): pp. 165 – 207.

4. Daniella Laureiro‑Martínez and Stefano Brusoni, "Cognitive Flexibility and Adaptive Decision‑Making: Evidence from a Laboratory Study of Expert Decision Makers," *Strategic Management Journal* 39, no. 4 (2018): pp. 1031 – 1058.

05　探索你的内心故事，改善人际关系

1. Jordyn Posluns, "What Is the Internal Narrative Phenomenon?" WorldAtlas, February 28, 2020.
2. Ben Alderson-Day and Charles Fernyhough, "Inner Speech: Development, Cognitive Functions, Phenomenology, and Neurobiology," *Psychological Bulletin* 141, no. 5 (May 25, 2015): pp. 931 – 965.
3. Daniel Kahneman, "Of 2 Minds: How Fast and Slow Thinking Shape PerceptionandChoice (Excerpt),"*Scientific American*,June15,2012.
4. Malcolm Gladwell, *Outliers: The Story of Success* (New York: Back Bay Books, 2019).
5. "Malcolm Gladwell on the Advantages of Disadvantages," Knowledge@ Wharton, December 3, 2013.
6. Tracey Anne Duncan, "How to Stop Your Inner Monologue from Running Your Life," Mic, February 5, 2020.

7. Victoria Lemle Beckner, "The Key Skill We Rarely Learn: How to Feel Your Feelings," *Psychology Today*, October 12, 2020.

8. Jon Jaehnig, "What Is Inherited Behavior?," BetterHelp, June 16, 2021.

9. Prabhakararao Sampthirao, "Self-Concept and Interpersonal Communication," *International Journal of Indian Psychology* 3, no. 3 (April 2016).

10. Monisha Pasupathi, et al., "The Feeling of the Story: Narrating to Regulate Anger and Sadness," *Cognition and Emotion* 31, no. 3 (January 8, 2016): pp. 444 – 461.

06　搁置和边界让你重获自由

1. Megan LeBoutillier, *"No" Is a Complete Sentence* (New York: Ballantine Books, 1995).

2. Ilana Herzig, "Saying No Isn't Easy," *Psychology Today*, September 4, 2018.

3. Shoba Sreenivasan and Linda E Weinberger, "What Happens When People Who Always Say 'Yes' Say 'No'?", *Psychology Today* (Sussex Publishers, September 16, 2016).

4. Jennifer King Lindley, "This Is Why It's So Hard to Say No," *Real Simple*, December 27, 2016.

5. William Ury, *The Power of a Positive No: How to Say No and Still*

Get to Yes ; Save the Deal, Save the Relationship — and Still Say No (New York: Bantam Books, 2008).

07 放下防御心才能更好地解决问题

1. Robert R. Stains, "Reflection for Connection: Deepening Dialogue through Reflective Processes," *Conflict Resolution Quarterly* 30, no. 1 (2012): pp. 33 – 51.
2. T. Editors of Encyclopedia Britannica, "Defense Mechanism," *Encyclopedia Britannica*, January 31, 2020.
3. Becca Sangwin, "Why We Need to Stop Playing the Blame Game," The Gottman Institute, March 13, 2017.
4. Manfred F. R. Kets de Vries, "Don't Let Shame Become a Self-Destructive Spiral," *Harvard Business Review*, June 1, 2017.
5. Neel Burton, "The Psychology of Embarrassment, Shame, and Guilt," *Psychology Today*, August 26, 2014.
6. Sara Lindberg, "Projection in Psychology: Definition, Defense Mechanism, Examples," Healthline, September 15, 2018.
7. Andrea Brandt, "How Reactive Behavior Damages Your Relationships," *Psychology Today*, October 1, 2018.
8. Kim Pratt, "Psychology Tools: How to Take a 'Time out,'" HealthyPsych, May 23, 2017.
9. Diane Musho Hamilton, "Calming Your Brain During Conflict,"

Harvard Business Review, December 22, 2015.

08　VIR 协议，与人相处的秘密武器

1. Shahram Heshmat, "5 Factors That Make You Feel Shame," *Psychology Today*, October 4, 2015.
2. Dianne Grande, "Emotional Vulnerability as the Path to Connection," *Psychology Today*, February 24, 2019.

09　保持冷静，防止冲突升级为混乱

1. Rebecca Joy Stanborough, "Cognitive Distortions: 10 Examples of Distorted Thinking," Healthline, December 18, 2019.
2. "Apa Dictionary of Psychology," American Psychological Association, March 28, 2022.
3. "Apa Dictionary of Psychology," American Psychological Association, March 28, 2022.
4. Jennifer S. Lerner, et al., "Emotion and Decision Making," *Annual Review of Psychology* 66, no. 1 (January 3, 2015): pp. 799 – 823.
5. René Descartes and John Veitch, *A Discourse on Method* (London: J.M. Dent, 1969).
6. Richard Carlson, "Don't Sweat the Small Stuff and It's All Small Stuff: Simple Ways to Keep the Little Things from Taking Over Your Life," Thorndike, ME: G.K. Hall, 1998.

未来，属于终身学习者

我们正在亲历前所未有的变革——互联网改变了信息传递的方式，指数级技术快速发展并颠覆商业世界，人工智能正在侵占越来越多的人类领地。

面对这些变化，我们需要问自己：未来需要什么样的人才？

答案是，成为终身学习者。终身学习意味着永不停歇地追求全面的知识结构、强大的逻辑思考能力和敏锐的感知力。这是一种能够在不断变化中随时重建、更新认知体系的能力。阅读，无疑是帮助我们提高这种能力的最佳途径。

在充满不确定性的时代，答案并不总是简单地出现在书本之中。"读万卷书"不仅要亲自阅读、广泛阅读，也需要我们深入探索好书的内部世界，让知识不再局限于书本之中。

湛庐阅读App：与最聪明的人共同进化

我们现在推出全新的湛庐阅读App，它将成为您在书本之外，践行终身学习的场所。

- 不用考虑"读什么"。这里汇集了湛庐所有纸质书、电子书、有声书和各种阅读服务。
- 可以学习"怎么读"。我们提供包括课程、精读班和讲书在内的全方位阅读解决方案。
- 谁来领读？您能最先了解到作者、译者、专家等大咖的前沿洞见，他们是高质量思想的源泉。
- 与谁共读？您将加入优秀的读者和终身学习者的行列，他们对阅读和学习具有持久的热情和源源不断的动力。

在湛庐阅读App首页，编辑为您精选了经典书目和优质音视频内容，每天早、中、晚更新，满足您不间断的阅读需求。

【特别专题】【主题书单】【人物特写】等原创专栏，提供专业、深度的解读和选书参考，回应社会议题，是您了解湛庐近千位重要作者思想的独家渠道。

在每本图书的详情页，您将通过深度导读栏目【专家视点】【深度访谈】和【书评】读懂、读透一本好书。

通过这个不设限的学习平台，您在任何时间、任何地点都能获得有价值的思想，并通过阅读实现终身学习。我们邀您共建一个与最聪明的人共同进化的社区，使其成为先进思想交汇的聚集地，这正是我们的使命和价值所在。

CHEERS

湛庐阅读 App
使用指南

读什么
- 纸质书
- 电子书
- 有声书

怎么读
- 课程
- 精读班
- 讲书
- 测一测
- 参考文献
- 图片资料

与谁共读
- 主题书单
- 特别专题
- 人物特写
- 日更专栏
- 编辑推荐

谁来领读
- 专家视点
- 深度访谈
- 书评
- 精彩视频

HERE COMES EVERYBODY

下载湛庐阅读 App
一站获取阅读服务

The Secret to Getting Along by Gabrielle Hartley

Copyright © 2023 by Gabrielle Hartley

Published by arrangement with Aevitas Creative Management, through The Grayhawk Agency Ltd.

All rights reserved.

本书中文简体字版经授权在中华人民共和国境内独家出版发行。未经出版者书面许可，不得以任何方式抄袭、复制或节录本书中的任何部分。

版权所有，侵权必究。

图书在版编目（CIP）数据

与生命中重要的人好好相处 /（美）加布丽埃勒·哈特利（Gabrielle Hartley）著；曹雪敏译 . -- 杭州：浙江教育出版社，2024.10. -- ISBN 978-7-5722-8758-9

Ⅰ . C912.11-49

中国国家版本馆 CIP 数据核字第 2024MP1851 号

浙江省版权局著作权合同登记号
图字:11-2024-351号

上架指导：亲密关系 / 沟通

版权所有，侵权必究
本书法律顾问　北京市盈科律师事务所　崔爽律师

与生命中重要的人好好相处
YU SHENGMING ZHONG ZHONGYAO DE REN HAOHAO XIANGCHU

[美] 加布丽埃勒·哈特利（Gabrielle Hartley）著
曹雪敏　译

责任编辑：苏心怡
美术编辑：韩　波
责任校对：姚　璐
责任印务：陈　沁
封面设计：王亚萌

出版发行：	浙江教育出版社（杭州市环城北路 177 号）
印　　刷：	河北鹏润印刷有限公司
开　　本：	880mm×1230mm 1/32
插　　页：	1
印　　张：	9.375
字　　数：	178 千字
版　　次：	2024 年 10 月第 1 版
印　　次：	2024 年 10 月第 1 次印刷
书　　号：	ISBN 978-7-5722-8758-9
定　　价：	99.90 元

如发现印装质量问题，影响阅读，请致电 010-56676359 联系调换。